U0502971

财富
稳健之路

[美] 彼得·诺维尔什（Peter Neuwirth）◎著　郭雨濛◎译

MONEY
MOUNTAINEERING

Using the Principles of Holistic Financial Wellness to Thrive in a Complex World

中国科学技术出版社
·北 京·

Money Mountaineering: Using the Principles of Holistic Financial Wellness to Thrive in a Complex World by Peter Neuwirth /ISBN: 9781642938333
Copyright © 2021 by Peter Neuwirth
First original English edition published by arrangement with Post Hill Press
Simplified Chinese translation rights by China Science and Technology Press Co., Ltd.
arranged with Post Hill Press through Big Apple Agency

北京市版权局著作权合同登记　图字：01-2022-4397。

图书在版编目（CIP）数据

财富稳健之路 /（美）彼得·诺维尔什（Peter Neuwirth）
著；郭雨濛译 . — 北京：中国科学技术出版社，
2023.6
书名原文：Money Mountaineering: Using the
Principles of Holistic Financial Wellness to
Thrive in a Complex World
ISBN 978-7-5046-9922-0

Ⅰ.①财… Ⅱ.①彼… ②郭… Ⅲ.①保险精算—研
究 Ⅳ.① F840.48

中国国家版本馆 CIP 数据核字（2023）第 042166 号

策划编辑	牛岚甲	责任编辑	庞冰心
封面设计	创研设	版式设计	蚂蚁设计
责任校对	张晓莉	责任印制	李晓霖

出　　版	中国科学技术出版社
发　　行	中国科学技术出版社有限公司发行部
地　　址	北京市海淀区中关村南大街 16 号
邮　　编	100081
发行电话	010-62173865
传　　真	010-62173081
网　　址	http://www.cspbooks.com.cn

开　　本	880mm×1230mm　1/32
字　　数	152 千字
印　　张	8.75
版　　次	2023 年 6 月第 1 版
印　　次	2023 年 6 月第 1 次印刷
印　　刷	北京盛通印刷股份有限公司
书　　号	ISBN 978-7-5046-9922-0/F·1119
定　　价	69.00 元

彼得·诺维尔什在新书中，为读者提供了在复杂的财务前景中生存的必要指导。这片"荒野"会为每个人带来不同的挑战与障碍，精算师的丰富职业生涯让他以一个独特的视角审视如何在这样一片"荒野"上实现长期财务健康。这本书使读者能够为可预见的现实做规划，并为不可预见的未来做准备——同时不忘初心。

——迈克·卡普兰（Mike Kaplan），

Rael & Letson咨询公司首席执行官

在本书中，彼得·诺维尔什站在现实世界财务规划这一职业的山顶上欣赏美景。他对如何实现终身财务健康的论述是基于他对金钱和概率、复杂性和变化以及人性特质和弱点的深刻认识。针对如何在一个不确定的财务世界中前行这一话题，这本书提供了有趣、坦率和真实的观点。

——彼得·卡豪尔（Peter Cahall），

CapAcuity咨询公司首席执行官

在这本内容丰富而又简洁易懂的书中，诺维尔什概述了整体财务健康的六项原则，它们可以帮助个人在日益复杂的世界中蒸蒸日上。坚持诺维尔什的六项原则能够让我们每个人接近各自的未来，提高得到想要东西的概率，了解自己的能力，同时了解到我们原本永远不会知道的东西。

——大卫·J.巴拉德（David J. Ballard），

医学博士，流行病学博士，美国内科医师学会会员，

公共卫生理学硕士，工商管理硕士

通向长期财务健康的道路最好尽早出发，就像在森林中旅行，最终到达目的地的瀑布。这样一来，人们就可以在整个旅程中收获和积攒许多好处。彼得·诺维尔什用这本书为那些寻求长期财务健康的人精心设计了一个强大而诱人的路径指南。这本书充满了个人轶事和历史背景，以一种对话的口吻邀请读者迈出第一步。 同样重要的是，书中闪耀着彼得的精算知识和经验，反映了彼得从不同角度看待事物的能力，从而开启了新的可能性。这本书既是一份宝贵的资源，也是一本令人愉快的读物。它所包含的整体财务健康六项基本原则展现了彼得在不断变化的金融环境中管理不可预见的风险的丰富知识。本书和其中的指导将塑造未来几十年的课

程和财务规划实践，同时它也是为每个人而写的。作为一名教育工作者、一位家长，以及一个规划自己未来财务状况的人，我强烈推荐这本书。

——史蒂芬·鲍姆（Stefi Baum），

加拿大曼尼托巴大学（University of Manitoba）

理学院院长、物理学和天文学教授

彼得·诺维尔什的真正才华在这本书中闪闪发光。本书读起来很像一本冒险小说，我们迫不及待地想看到书中一个接一个的妙论。彼得慷慨地引导我们了解金融世界，他通过讲故事的方式进行教授，不仅浅显易懂，而且妙趣横生、引人入胜。书中提到的整体财务健康六项原则给我们提供了实现财务健康所需的基础。作为帮助我们实现整体健康的一个重要部分，这本书让我们走上建立和保持长期财务健康的道路，值得强烈推荐。

——克里斯汀·托齐（Christine Tozzi），

北美精算师协会正式精算师（FSA），

美国艺电公司（Electronic Arts）高级总监

关于本书

四十年的精算师经验告诉我，每个人都希望得到财务建议。人们渴望得到财务方面的指导，也对他们需要做出决策的后果感到困惑和恐惧。

他们产生这种情绪的理由非常充分。不管专家们是如何告诉你的，实际上要厘清当今复杂的金融世界并不容易。预测这个世界日后将如何变化是一项极为困难的（甚至是不可能完成的）任务。再加上一些专家所提供的建议里掺杂着许多噪声，难怪许多人都感到气馁。

所以，这又是一本理财指南吗？并非如此。相反，这是一本旨在帮助你了解自己真正需要何种建议的书。我的目标是帮助你更好地理解货币世界和你在其中的位置。

我希望你能确定：

● 你能为自己决定什么（几乎肯定会比别人让你相信的决策范围要多）。

● 你在哪些地方需要帮助（需要帮助的领域可能比你以为的要多）。

● 有哪些值得信赖的信息来源（比你希望的少）。

　　这本书不是为那些"富得流油"的人写的。相反，如果你根本没有经济来源，连基本生活都无法保证，你也不会从这本书中得到多少价值。实际上，这本书是为多数处于中间状态的人而准备，他们努力地在退休储蓄和房屋首付之间寻求平衡。本书的目标读者是那些无法决定是要提前还清学生贷款还是加倍贷款创业的人，以及那些即将退休的人，他们需要弄清楚何时领取社会保险、从401（k）计划①的账户中提取多少钱，以及是否需要缩减房屋规模或借一笔反向抵押贷款来补充退休收入。这本书适用于财务情况复杂的读者。对于他们来说，不仅很难找到答案，甚至连应该问什么问题也不清楚。

　　在这本书中，你可能找不到一个简单通用的方法去解决你的财务问题。然而，如果你细细地读完此书，你可能会发现自己学会了问有针对性的问题，进而能够做出更好的选择。虽然书里的许多概念不够直观，但我尽力让这本书具有实用价值，让下列这些人都能理解：学过初中数学的人；知道骰子、轮盘和大富翁等碰运气的（或主要由运气决定的）游戏的基本规则和了解概率游戏的人；以及不抗拒用新方法

---

　　① 401（k）计划始于20世纪80年代初，是美国的一种由雇员、雇主共同缴费建立起来的完全基金式的养老保险制度。——译者注

看待老问题的人。

假如把金钱的世界想象成一片危险且未知的山野，充满了看不见的危险，居住着各种狡猾的掠夺者。你发现自己困于其中，迷失了方向。除了要活下来以及弄清自己的位置，你还想让自己的处境尽可能舒适、免于高压，这样你才有时间、精力和资源来改善生活。

你可以把这本书看作是恶劣且陌生环境中的生存指南。这不是一本传统意义上教你"如何做"的书，但它会给你一张区域地图，为你识别出最为极端的危险，给你在包里装上合适的工具和技术，帮助你走出森林，到达一个可以搭帐篷和生火的安全地点。我没法告诉你可以带着这本书走到哪里，也没法告诉你可以带多重的东西。我可以帮到你的是更好地了解你所选择的这条道路有多陡峭和危险，并且给你配备一副望远镜、一个手电筒和一个指南针，以便你在旅途中知道你的方向。

作为一位在这片荒野上快乐生活了近四十年的精算师，我不能告诉你应当和我一样欣赏风景，勇于攀登周围的山峰。不过，如果你真的加入这一行业，我很乐意告诉你我对"地形"的了解，并分享我一路走来学到的技巧。

什么叫作"坦然"面对不确定性？（在财务健康或其他方面）

你所做的任何决定几乎都会受到不确定性的影响——运气和隐藏信息的双重影响。如果你做出了决定，未来便翩跹而至。这中间一定会有我们不知道的以及无法控制的事情发生。

我曲折的职业道路一直聚焦于研究不确定性对人类决策的影响。甚至可以说，我痴迷于此。

作为一名研究者，我试图了解它。

作为一个扑克玩家，我试图提高应对能力，进而成为一位更出色的玩家。

作为一名作家，以及公司及决策战略专业人士的顾问，我试图帮助他人制定切实可行的对策。

而在回到学术界后，我试图更深入地理解它。

长期以来，我深知坦然面对不确定性带来风险的重要性。伟大的决策者坦然接受了未来是无法保证的这一事实。运气和隐藏信息的因素使得未来的可能性多种多样，每一种可能性都有一定概率会发生。

没有哪一种未来必定会发生。坦然接受不确定性是成功驾驭目标的必要组成部分。

在个人财务健康问题方面，不确定性表现在诸多层面上。首先，我们需要制定一个健全的战略，它始于此刻，可能涵盖了接下来几十年的时间，但这一战略同时受制于信息不完整的限制。其次，我们还要找到执行该战略的方法。这听起来可能微不足道，但在许多方面，它的作用比制订一个好的战略财务计划更为重要。

第一个大问题是与财务决策有关的知识相当有限，这一点丝毫不令人惊讶。真正对大多数人造成打击的是他们对自己缺乏了解所造成的后果。在具备所有投资信息的情况下，弄清楚迪士尼公司或苹果公司接下来一年的安排，比弄清楚你的喜好、欲望、需求和恐惧等特质将为你余生的财务计划打下怎样的基础更为容易。

你眼前的财务需求在未来会有什么变化？你以后会有更多的钱还是更少的钱？你眼中的"安全"或"风险"将如何变化，这些变化是归因于世界，还是归因于你自己？

这就是本书的内容，彼得·诺维尔什（Peter Neuwirth）从第一个整体财务健康的基本原则开始，指导读者驾驭这些危险。"每个人的价值观、目标和财务状况都是独特且多维的。因此,你所做的每一个财务决策都要符合你自己的身份,同时考虑到具体财务状况的整体性。"

不确定性带来的第二个问题,即弄清如何执行和坚持你的计划,也让大多数人感到意外。坦率地说,整个财务规划领域可能会通过给自己重新命名为"财务执行"的方式为大众提供服务,但我想,如果人们称该领域的专业人士为"财务执行者"的话,反而会为这个领域带来麻烦。

无论是财务健康目标,还是更短期、更平凡的目标,与有缺陷的规划相比,执行问题往往更大、更常见,且付出的代价也更高。近四分之一的新年计划在一周内失败。只有8%的人最终达到了他们在新年计划中设定的目标。任何曾经试图减肥的人都会告诉你,他们的难处并非找不到一个好计划,问题在于对计划的执行和坚持。

通常情况下,个人财务规划也是如此。毕竟,没有一个在乎自己财务状况的人会计划花光自己的钱;没有人筹划着进行恐慌性抛售;没有人想恰好在金融泡沫破灭的前一刻加入。

市场行情总会起起落落。许多部门经历了蓬勃发展,又走向萧条。一个曾被认为是疯狂的、投机性的想法会在另一个时刻成为主流。以往保守的选择也会在某一刻变得危机四伏。它们涨跌不定，仿佛永远处于动态。当然，这些波动在事后看来往往只是暂时的。但当身处于低谷和高潮之中时，我们没有事后诸葛亮的远见。面对这些起伏，很难不去改变你的策略。

这就是为什么个人投资者即使投资的是反映市场的基金也经常跑输市场。1999年至2018年，标准普尔500指数的年回报率为5.62%，但是，尽管标准普尔指数基金无处不在，普通股票投资者的年回报率仅为3.88%，落后45%。在过去几年的市场动荡时期，股票投资者一再试图预测市场时机。金融市场越是考验投资者的决心，他们就越难坚持到底。

彼得·诺维尔什也谈到了许多应对不确定性的方法。在不确定性两大方面的应对策略上，他都提到了同一点，那就是充分了解信息，进而在某种程度上缩小不确定性。但在大多数情况下，他认为应当充分利用你所知道的和所能控制或者至少是能影响的事情。其中包括侦察潜在的危险情况，在你的情感中心被潜在威胁占领前制订应对措施，在专业人士和你信任的人之中寻找和吸引盟友，对自己的行为和反应负责，以及积极加强对产生负面效果的行为的遏制。

所有这些举措都有特定的用途，帮助你小心维持两方面的平衡，一方面是保持灵活性和可选性，另一方面是预先承诺自己不会在软弱时屈服。

　　绝妙之处在于，彼得·诺维尔什基于财务规划方面的背景和专长，发现了我的部分想法的价值，并将其应用于个人财务事项中。对我来说，看到别人利用各自领域各自专业的技能来翻译、应用以及进一步拓展我的工作，是一件令人高兴的事。在本书中更是如此。因为个人财务规划极为重要，会对数百万人产生巨大影响。

安妮·杜克（Annie Duke）

目录

整体财务健康——六个基本原则

我八十七岁的父亲不喜欢债务，一点儿也不喜欢。在我的成长过程中，他经常告诉我："既不要做借款人，也不要做贷款人。"他的生活方式践行了这句话。他买任何东西都试图用现金付款，并确保家里除房屋抵押贷款外，没有背负任何其他债务。现在，他早已经退休，日子过得挺好，他还完了房贷，拥有属于自己的房子。在他作为理论数学家的整个职业生涯中，他严谨而坚定的储蓄行为让自己获得了来自美国教师退休基金会（TIAA-CREF）的有保障的终身年金。再加上社会保险和医疗保险，他和我母亲的日子过得平和且相当舒适。他们不经常旅行，但拥有所需要的一切，以及想要的大部分东西。他们甚至还留有一点储蓄，以备不时之需。简而言之，他的退休计划对自己来说恰到好处。

在他退休前后的数年里，父亲在做财务决策时都会征求我的意见。作为一名养老金精算师，我掌握了个人"应该"如何计划退休的全部理论知识。我给了他很多建议，可他几乎都没有采纳。不过我与父亲的这些谈话，以及我与同事、客户和朋友就他们的财务状况进行的数百次谈话，对我在管理个人财务生活方面的想法的演变至关重要。

最终，我得出的结论是，通常情况下，大多数围绕退休计划和财务健康的建议和传统智慧，不仅往往是错误的，而且即使是正确的，也很少完全适用于特定的个人情况。我们每个人的情况、倾向和目标都太特殊了，经验法则无法发挥作用。除此之外，几乎所有的财务健康原则都是对基于关键财务决策的严重简化和过度分割——无论是"应该在我的401（k）计划中留出多少钱？"这样看似简单的问题，还是"我有足够的钱在明年退休吗？"这类充满挑战且复杂的问题。

几年前，我开始在博客上谈论整体财务健康，以及如何在不考虑我们的整体财务状况——我们所有的资产和负债，包括已知的未来收入和支出，以及教育、技能和未来收入潜力等难以量化的资产，个人的目标、计划、希望、恐惧和梦想的情况下——做出正确的选择，实现我们所追求的财务健康。有一段时间，如果你在谷歌上搜索"整体财务平安"或"整体财务健康"，我的博客文章及围绕这一主题所做的一些精算报告，都会排在榜首。

现在，这个领域的研究变得越来越拥挤，许多人都在使用这些术语。我认为这是一件好事，因为让更多的思想和声音加入这场讨论是一件很重要的事，势必能够得出更好的答案和见解。然而，也担心我的声音现在会在百家争鸣中被湮没。因此，我先来谈谈对整体财务健康的理解（图1），以及我认为个人（在一些帮助下）应该如何思考这个问题。

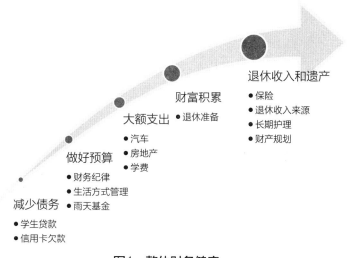

图1　整体财务健康

我认为整体财务健康意味着终身都能确保财务健康，同时在实现这一目标的过程中需紧紧围绕着自己的特殊情况、财务目标、限制条件和价值观。此处的"价值观"指的是你现在最看重什么，以及你现阶段愿意牺牲什么来换取未来的利益或防止意外情况的发生。要知道，这些权衡后的选择会因你对未来的不同考量而有所不同。在本书中，我们对如何在特定情况下对待财产的讨论将基于以下六条基本原则。

整体财务健康（Holistic Financial Wellness，HFW）基本原则一：每个人的价值观、目标和财务状况都是独特的、多维的。因此，你做出的每一个财务决策都要符合你的身份，都要考虑到个人财务状况的整体性。

我的财务道路

在讨论其他基本原则之前，我应该告诉你一些自己的情况，因为在货币世界里，我和我的父亲走上了截然不同的道路。

在读大学本科的大部分时间里，我不知道自己步入社会后想做些什么。在没有明确的职业规划或其他目标的情况下，我将大部分时间和精力投入到喝得醉醺醺的家庭聚会和参加Grateful Dead乐队的演唱会中，只会偶尔花时间在学习上来避免挂科。由于我的父亲没有资助我任何课外活动，我只能通过做多份兼职来维持生活。我选择的每份工作都是花尽量少的时间和精力来最大限度地创造收入。例如，我给一些有钱但数学成绩不好的同学辅导微积分。我还成为公寓楼的住户管理员，负责换大厅的灯泡，偶尔当新英格兰诺伊斯特风（New England Nor'easter）刮过时，我还要铲掉门前的雪。作为管理工作的回报，我不需要交在学校住宿的租金。

大学期间，我把时间、金钱和注意力尽可能高效地花在自己最喜欢的事情上。在选课方面也是如此，我专注于自己擅长的定量科目，如数学、经济学和会计学，同时涉足那些看起来很有趣、不太难掌握的科目，如天文学、语言学和人类学。

最后，在1979年的春天，在很大程度上由于我父亲的慷慨，我以没有任何负债的情况下从大学毕业。离开剑桥大学（University of Cambridge）以后，我开着我那辆1970年的丰田花冠（Toyota Corolla）来到美国康涅狄格州首府哈特福德（Hartford），在那里，我开始以精算实习生的身份为康涅狄格州通用人寿保险公司（Connecticut General Life Insurance）工作。我在西哈特福德以每月400美元的价格租了一间带家具的公寓，我的车况良好，支票账户里有450美元，工资起薪为每年14000美元，我觉得我的财务状况很好。我父亲也给了我一叠50美元面值的美国储蓄债券，那是他在我的成长过程中一张一张攒起来的，希望它们能成为我的起步资金。当时，这些债券的总价值约为4000美元。我在这里安顿下来，就把这些债券带到了银行，放在了我开立支票账户时银行给我的保险箱里。

虽然我没有继承我父亲对债务的憎恶，但我却学到了他的预算纪律。一年之内，我又存了500美元的储蓄债券，这使得我的基础资产达到了4500美元。同年，我还学习了利息理论（如年金、债券投资、沉淀资金）等诸多精算学基础知识，并在早上的咖啡休息时间认真听老学员和精算师们讨论税收、投资，以及最重要的，获得一笔抵押贷款后买一栋房子的财务魔法理论知识。除了通货膨胀率（以及房屋升值率）每年维持在8%~10%，我的工资中还要被扣掉不少税，这让我很不安。在这种情况下，买房在我看来是个万无一失的策略，可以帮助我实现财务跃迁。这笔交易里头的数学原理看起来似乎无可辩驳。

为了实施这一策略，我投身于买房市场，很快发现了公司附近一套售价为45000美元的公寓。我存下的4500美元足够支付10%的首付。我的老板和我说，我在精算行业的发展前景很好，大多数银行都会愿意给我提供剩余款项的贷款。我认为我日后的按揭付款买房只是一种更昂贵的（可减税的）租金形式，所以我把公寓看作能为4500美元储蓄带来更高收益的一项投资。对我来说，关键在于购买公寓能够使我充分发挥这笔存款的效用：公寓价值增长10%（从45000美元到49500美元）将使我的投资价值增加一倍（从4500美元到9000美元）。

我从未想过自己在23岁时会承担4万美元的债务，而我父亲一辈子都没借过这么大的一笔钱。然而对我来说，背负债务不是情感上的负担，我的资产负债表上出现负债的风险也不会让我焦虑。我认为这只是一个正确的战略举措，利远大于弊。唯一让我感到犹豫的是，为了支付过户费和购买房子，我需要拿出6000美元的现金，而不只是存在银行里的4500美元。但是，我们已经看到了杠杆的魔力，在此情形下，这个问题的解决方案似乎非常明显——承担更多的债务。

负债类型也显而易见，我的女朋友在前一年毕业，可用来投资的资产比我的储蓄债券多得多。虽然我们已经不再认真交往，她也已经在另一座城市找到了工作，但她还是愿意借给我额外的1500美元，只要我同意以10%的利率偿还她。这种人情债务伴随着一些难以量化的心理成本，但这是我们承担任何债务都具有的心理成本。这也是全面考虑自身情况的一个重要方面，向女友借款对我来说是个正确的决定。对我们双方都有好处，我有明确的财务计划来还本付息，而她也可以在这笔资金肯定能收回来的前提下获得高于市场行情的回报。最重要的是，这笔贷款为我提供了足够的现金来完成购买房屋的交易，并且依旧符合银行给予我抵押贷款的担保标准。

现在回想起来，在1980年购买那套公寓是我毕生做过的最好的财务决策。一切都按计划有条不紊地进行着，没过多久我就搬到了美国西海岸的南加利福尼亚州地区（Southern California）。1984年，我以6万美元的价格卖掉了我的公寓。然后用赚到的2万美元现金，以18万美元的价格买了一套位于加利福尼亚州科斯塔梅萨镇（Costa Mesa）的房子。我走运了。20世纪80年代，房地产行业蓬勃发展，特别是在加州。在接下来的20年里，我不断地进行交易，用一栋房子换另一栋房子。最终，我拥有的两栋房子涨到近200万美元。

精算事业的需要使我辗转于美国东海岸的几个城市，最后我搬回了加州，也就是我现在居住的地方。这么多年来，我一直利用债务来扶持自己的财务状况——利用我的房地产投资，作为缓冲来度过生活中周期性的现金流紧缩，并处理出现的意外紧急情况。我已从401（k）计划中申请了许多不同的抵押贷款和借贷，并以人寿保险单的现金价值作为抵押，尽管这些行为在我父亲看来十分可恶，有时还违反了许多财务规划师制定的"规则"。然而，在每次借钱之前，我都会充分了解这笔债务所带来的风险。

这给我们带来了第二个基本原则。

整体财务健康基本原则二：债务不好也不坏，但始终很重要，它和你的钱或拥有的任何其他资产一样重要。

当我们在"金钱山"的荒野中旅行并学习如何生存时，从对这片土地的调查开始，看看在你穿上登山鞋或决定在背包里放些什么之前，明白原则一和原则二为什么需要被牢牢记住。

了解货币和债务的世界

尽管我们每个人的财务状况都复杂而独特，但我们仍然需要在一个几乎比个人情况复杂得多的财务世界中不断前进。但糟糕的地方在于，这个更大的环境复杂到无人了解的程度。更令人生畏的是，它的复杂性可能会以出乎意料的方式给你带来不利影响，可能会损害你的财务状况，而修复你那被破坏的财务状况可能需要多年时间。

因此，本书的其余内容将探讨货币世界的复杂性。我们将谈论货币和债务的历史。谈论它们各自的诞生历程、迄今为止的演变经历，以及在这个世界和在未来可能发生的变化。我们将看到货币是为何和如何会被发明。我们将讲述几个世纪以来发生的技术进步，例如利息和债务这样的革命性技术手段（这两种技术手段一开始都饱受争议）和像银行部分准备金制度这样更微妙的技术。后者的重要意义几乎与前者相同，但它的全部影响直到出现四百多年后的今天才被人们感受到。

为了强调原则二的重要性，我们将专门讨论债务问题，并探讨在过去的一个世纪里，债务在范围和种类上如何急剧扩大。债务现在有无数种形式（例如，有担保与无担保，短期与长期，固定与可变），并且与投资市场本身一样复杂，甚至可能更危险。我们将看到，承担什么类型的债务以及何时和如何承担更多的债务的决策，对你的财务状况有重大影响。

我们还将讨论，在现代社会，上市公司在公开市场上交易股票这一想法很快引发了一系列革新，进而不可避免地带来了一大片神秘的金融工具及其衍生品。这反过来又创造了一个高度复杂且相互关联的投资市场系统，创造了整个研究领域，培育了几代经济和金融相关学科的博士。在他们之中，无一人完全理解这个系统，更不用说预测经济或市场的未来。

最重要的是，我们将谈论这种复杂性对个人来说有多危险。我们将看到，金融世界就像一片崎岖不平的荒野，普通人只能在没有地图或经验指导的情况下盲目前进。而我们将描述"地形"，识别隐藏的危险，并讨论粗心的人可能会在何处迷失方向或将自己暴露在有时隐藏在灌木丛中的捕食者面前。此地甚是危险，作为一个在这里工作多年的人，我将分享我在四十年的精算师生涯中所学到的一些知识，告诉你最大的风险在哪里，以及为什么所有对这片荒野的探索都需要从整体财务健康的原则一开始。

为了说明这一点，我们来讨论一下在2008—2009年的全球金融危机，全球金融体系几乎令人难以理解的复杂性和脆弱性，加上意外后果定律（the law of unintended consequences），如何不可避免地导致了一场几乎摧毁了世界经济的"金融森林大火"。我们将推测这种情况是否会再次发生，但最重要的是，在下一次危机中，你如何能确保自己的"金融房子"不被烧毁。这之所以尤为重要，是因为你的财务生活可能会延续到未来几十年。在这段时间里，你的处境，甚至可能是你的价值观，都将不可避免地发生变化。确保你能够在部分或完全的系统崩溃中幸存下来，并在需要时拥有转向的资源，对长期财务健康至关重要。

在掌握了整体财务健康的前两条原则以后，我们还需要克服的挑战是知道该向谁求助，才能在这个大多数人都不熟悉的、满是捕食者的危险环境中前进。即使是那些在金融服务业谋生的人也不是所有你日后可能长期打交道的产品、服务和交易方面的专家。

这给我们带来了第三条基本原则。

整体财务健康基本原则三：完全掌握自己的财务状况是很重要的。了解自己不能做的事情，并确保你聘用的人百分之百站在你这边。

在哪里与何时获得帮助

面对上述所说的复杂情况，我们自然更倾向于寻求能够提供帮助的专家。不幸的是，要找到值得依赖的人并不简单，甚至确定你所需要的支持类型也可能是个问题。当我们继续在财务荒野中跋涉时，我们将认真审视财务建议的传播者和你可能不得不与之合作以确定和实施重大金融决策的人。你很难知道自己应该信任谁和相信什么，你的每一步都可能犯下代价高昂的错误。

好消息是，在金融领域生存和发展不必了解整个系统。你只需要了解自己所处的金融世界。尽管它可能也很复杂，但比起了解整体金融系统，它的复杂程度要低很多。然而，即使要做到这一点，你也需要确定自己需要了解所面临的关键决策的内容，同时排除所有的噪声、谎言和干扰，这些东西很容易让你无法做出正确选择。

讨论伊始，我们将聚焦于一些最受欢迎的财务顾问，你们大多数人都在电视上听到过、在书中读到过或在网上看到过他们。我们将认真审视他们所能提供的真正价值。我们将向你展示他们的交易技巧，以及他们中的许多人是如何施展"魔法"，以至于如此轻易地让你着迷的。读完这一节后，我的目标是让你们所有人都将永不被这些骗子愚弄，也不会被诱惑去报名参加许多骗子每天开办的"免费研讨会"。

接下来，我们将讨论如何确定你需要的帮助类型。在某些方面，获得财务咨询就像聘请律师。有时，你需要一个律师来完成一项具体的交易（例如，收购一个企业）。有时，你需要一个律师来帮助你摆脱困境，或判断你是否陷入困境。无论怎样，在聘请律师时，我们大多数人都希望找到一个能帮我们解决具体问题的专家，然后向他们支付费用，以确保他们为我们工作。

这一原则同样适用于金融咨询。我们将讨论市面上的各种专家，以及如何找到一个诚实、称职、了解你所面临的问题的专家。尤其是，我们将向你介绍一些可以信赖的信息和分析的来源，以及一些值得花时间去了解的见解和策略，你可以将其应用于你的具体问题中。考虑到你可能不仅需要信息，还需要在分析和执行金融交易方面得到实际的帮助，我们还将谈论你应该寻找哪种类型的顾问、如何找到他们，以及如何利用他们来获得你所需要的东西。与此同时，重要的是要清醒地认识到，做决定的人是你，要充分了解和分析的是你的财务状况。

正如我在一开始所说的，我的目标是给你一张地图，让你找到自己的路，而不是我牵着手带你走。我不知道你的背包有多重，你的装备有多好，你想爬多高或者愿意冒多大的风险前往你想去的地方。但只要你了解自己的资源、限制和需求，你就有能力寻求所需要的帮助，并确保得到值得信任的建议。

即使有了所有正确的装备，你也需要为意外情况做准备。仅仅了解你所在的地方和周围的情况远远不够。你还需要知道未来可能发生的变化（你或环境）。不幸的是，未来很难预测。事实上，我认为我们不可能确切知道以后会发生什么。如何有效地处理这种不确定性就是第四和第五条基本原则。

整体财务健康基础原则四：未来难以想象，也无法预

测。学会与不确定性共处，并制订一个具有灵活性和可选择性的财务策略。

整体财务健康基本原则五：管理好自己的财务生活，以便在严重的经济或生活事件中幸存下来，这对长期财务健康至关重要。努力做到反脆弱。

如何思考未来？

不仅金融系统变得越来越复杂和不透明，未来本身也比大多数人以为的更具不确定性。尽管有些人声称，大数据将能够消除未来的基本不可预测性，但越来越多的证据表明，事实并非如此。几千年来，不确定性和风险一直是人类生存条件的一部分，世间一切技术发明都无法改变这一点。

正如我们现在所知道的那样，不确定性已经交织在宇宙的结构中。一些物理学家认为，我们永远无法知道任何特定的物质对象是否真的存在或是否处于我们观察的范围。除此之外，现在看来，周遭日益增添的复杂性是混沌过程的结果，那些奇妙的简单算法产生了我们大多数人所都熟悉的美丽的分形图像。混沌的疯狂和矛盾之处在于，尽管它不具有随机性，但数学家已经确定它的展开方式完全不可预测。简而言之，我们不但不知道混沌究竟是什么，而且永远也弄不清楚未来到底会怎样。即使是我们相信对未来有最佳统计洞察力，也很可能会误入歧途。

这一点对于物理世界来说无比正确，对于人类生活更是如此。货币和我们的金融系统都围绕着人类事务。货币的概念和围绕它的金融体系是人类为自己发明的。相信我们可以预测这个系统将如何长期运行是一个不切实际的幻想，本书将努力消除这种幻想。

令人高兴的是，我们不仅能够开发出管理金融风险的各类技术，还在弄清不确定性的本质方面取得了重大进展。我们将追溯我们自1654年开始对这一领域的认知演变。后来，伟大的法国数学家布莱斯·帕斯卡尔（Blaise Pascal）和皮埃尔·德·费马（Pierre de Fermat）共同发展了概率论的基本原理。

我们将跟随着知识的进化，深入了解20世纪混沌的发现，并持续至今。纳西姆·塔勒布（Nassim Taleb）等交易员扩充了我们对肥尾分布的理解，这些分布支配着一大半的金融世界，令人不安。我们将探讨塔勒布的"反脆弱性"，这是在混乱和不确定性中生存的关键。我们将讨论具有"反脆弱"能力将如何帮助你在一个复杂和暗流涌动的系统中取得成功。我们将详细探讨这一概念，并讨论如何构建你的财务生活，不仅仅是为了让你在压力面前保持弹性，也是为了让你在动荡和混乱中变得更加强大。

尽管我们越来越理解不确定性的本质，但我们仍未改变人类好奇的本性。不知道自己身处何处会使人感到不适，更让人不舒服的地方在于，我们不知道自己将要去哪里。然而，尽管我们对当下不甚了解，对未来更是一无所知，我们还是需要做出许多至关重要的财务决策。

进一步延伸登山这一比喻，我们可以把未来想成是踏上一段漫长的荒野跋涉之旅，我们手中仅有一张地形图和一副能让我们看到一小段路的望远镜。我们不仅不知道下一个山脊上有什么危险，而且也无法知道旅途中会遇到怎样的天气。

幸运的是，我们目前对不确定性本质的认识，特别是对肥尾分布这一理论的认识，可以被个人用来管理最严重的金融风险，并确保在从现在到未来的险恶道路上相对安全地通行。我们将提供一些具体的例子，说明如何成为具有"反脆弱"能力的人，包括采取杠铃策略（barbell strategy），这种策略可以提供最低限度的保护，以抵御金融灾难，同时充分利用与低概率高影响的事件相关的巨大优势。

知道在背包里放什么样的工具来为不确定性做准备是很重要的，更重要的是要有正确的心态来面对未知的生活。

为了帮助你，我们将讨论那些成功生活在为金融不确定性所控制的发达地区的人的心态，以及我们其他人如何运用这些心态来管理自己的财务生活，而不会沦为过度恐惧或自满的牺牲品。我们将特别回顾扑克冠军安妮·杜克（Annie Duke）在她的著作《对赌：信息不足时如何做出高明决策》（*Thinking in Bets: Making Smarter Decisions When You Don't Have All the Facts*）中所描述的一些技巧，学习当你在没有足够的信息来确定结果时，如何清晰地思考并做出正确的决策。

当我们反思自己的财务决策过程时，我们发现，不确定性会损害我们做出良好财务决策的能力，而我们对这种不确定性的态度不应该只是厌恶。我们人类带有大量的情感和认知上的"程序错误"，使我们无法以完全理性和冷静的方式来分析财务状况和做出选择。这并不一定是件坏事。我们的非理性部分使生活变得有意义，使我们成为现在的自己。重要的是要知道这些非理性部分是什么，并在面对可能对我们的财务健康产生重大影响的决策时，意识到它们给我们带来的限制和偏见。这给我们带来了第六条也是最后一条基本原则。

整体财务健康基础原则六：财务健康来自无畏的自我意识，以及承认我们作为人类拥有认知和情感局限。要清楚地知道你想要什么，你有什么能力，以及你永远无法知道什么。

了解你自己

正如安妮·杜克在谈到解决不确定情况下做决策的心理问题时反复提到的,我们需要认识到作为人有局限性。我们需要接受自己的非理性,不应认为自己是大多数经济和金融理论家历来假定的充满理性的"经济人(Economic man)"。正如行为经济学家在过去四十年中所发现的那样,我们行为的驱动力远不止经济上的自我利益、边际效用,甚至逻辑。当我们做决定时,我们会被恐惧、利他主义和其他大量的情绪所驱使,其中一些我们尚不了解。在我看来,我们不应该试图去越过这些因素。我同意安妮的观点:我们需要意识到这些因素的存在,但我们还需要更进一步,在做决定时将这些非常真实的驱动力和本能真正纳入我们的目标和期望中。

为了解决这个问题,我们将首先看看金融市场和经济领域的传统智慧总体上是多么错误。我们将看到这些过时的观点是如何长存于并渗透到新闻的大部分内容中的。通过回顾"专家们"在历史上对经济的看法,以及传统经济理论在预测经济和市场走向时如何持续犯错,我们将获得一个窗口,了解那些激发第一批行为经济学家对人性有突破性发现的异常现象。你将了解到在"当前的市场机会"和"你现在应该如何投资"方面，为什么要对专家们的建议持怀疑态度。

我们将了解行为经济学领域的重要发现，包括丹尼尔·卡尼曼（Daniel Kahneman）、阿莫斯·特沃斯基（Amos Tversky）和理查德·H.塞勒（Richard H. Thaler）等人的开创性工作。我们将重点讨论他们的发现对财务决策和整个金融世界的影响。我们将从一个与当前大多数金融和经济文献不同的角度来看待这些对我们本性的惊人洞见。我们不认为大脑的程序是人类构造的缺陷，只认为这是我们的特征。重要的是要了解我们的内部程序，以及当财务决策的后果显现出来时，我们可能会有怎样的感觉。

为了帮助我们克服认知上的局限性和偏见，从而做出更好的财务决策，我们将再次向安妮·杜克学习，她开发了许多强大的技术来使我们"去编程化"，并学会更理性地思考我们的选择。虽然她在书中描述了许多方法，但在这里，我们将这些技术自定义，把它们直接应用于我们大多数人必须做出的重要长期财务决策，以实现和保持财务健康。

除了要认识到经济基础和我们的内部思考过程都是非理性的，我们还需认识到，今日选择的结果只能在未来实现。我们将论证，虽然行为经济学现在被用来试图促使我们以"专家"建议的方式行事，但事实上，在涉及财务选择时，唯一重要的专家只有你自己，因为只有你才能真正知道未来的感受——你是否会快乐或你将在多大程度上受到你的决策的影响。你将不得不生活在那样的未来之中，所以，需要对推动你到达那里的行为负责的人是你自己。你将更好地理解自己的内部线路，正是它们产生了你的想法和感觉。这将为你对自己管理未来财务生活的能力带来巨大希望。

在荒野中生活

读到这里，可能希望我告诉你如何将这六个原则应用于生活之中。恐怕要让你失望了，因为在不了解你这个人的情况下，我不会擅作主张地给你出主意。事实上，整体财务健康基本原则一表明，即使我真的试着做了，也只是一种伪善。我最多在本书的末尾和你分享我的想法，讨论你可以在背包里保留哪些工具，让它们助你一臂之力。现在，我想"言出必行"。正如塔勒布所说："永远不要问别人的意见、预测或建议。只要问他们在他们的投资组合中有什么，或没有什么。"

所以，我将告诉你我的投资组合。

尽管我和父亲对债务的态度截然不同，但事实证明，在对下行风险的态度和对未来幸福的密切关注方面，我和我父亲很像。在某种意义上，这使我成为一个 "低折扣者"；我非常愿意接受短期成本，以换取未来略好点的收益。随着我年龄的增长（我已经64岁了），这一点有所改变，但可能没有你想象的那样多。我还有一个比我更年轻、更健康的妻子，以及一个正在上大学的21岁的儿子，所以我的计划范围远远超出了我自己本身。

除我之前谈到的买卖房地产之外，我做了40年的付费咨询精算师，工资一直很稳定。我足够自律，每年都会把收入的15%~20%留出来。我也非常幸运，所在公司的盈利，为我提供了足够的固定福利养老金。所有这些使我能够在60岁时退休，将时间投入到我感兴趣的领域，其中有几个领域能够为我带来收入。

那么，我如何部署自己的资产和管理自己的财务生活呢？答案是通过使用大量不同的机构和投资。为了分散风险，我将存款分散于4家银行之中，401（k）计划和个人退休账户有5家不同的受托方（包括大型保险公司和传统投资公司）。我投资的资产类型范围很广，包括许多未被充分利用的投资，如收藏品、替代货币、未开发的土地、实物黄金，以及一系列未杠杆化但不太可能同时下跌的金融工具。我还使用其他更复杂的工具，这些工具我都很了解，并用它们为我的家人和其他人提供财务保障和现金，直到我生命的尽头乃至死后。这些工具包括慈善捐赠年金、慈善性剩余信托和一份高额终身寿险保单。

在收入的持续管理方面，我采用了杠铃策略。我有三份有保障的固定终身年金（来自不同的机构）。即使我们失去了一切，也足以支撑我们度过余生。与此同时，我还从事三项副业，其中每一项都有可能随时结束，但如果我运气好的话，它们都有极高的上升潜力。我们有一栋房子作为运营基地，50英里（1英里≈1.6千米）外还有一个小农场，我大部分时间都在那里度过。农场产生的租金收入足以支付其抵押贷款和房屋维护费用，并在我们需要时灵活提供其他的生活方式。

也许最重要的是，我一直以来非常细心、灵活，并愿意在情况发生变化时改变我的投资和收入来源。我也只会为了特定交易聘请专家顾问，并且只接受收费的咨询建议。当时机成熟，我们对自己的后半生在何处度过有了更好的想法时，我很可能会申请反向抵押贷款，覆盖我们的大部分住房开支。

我不会向其他人推荐我的理财方式。因为它反映了我个人对风险和未来的特立独行的态度。它也有些过于复杂，大多数人在管理财务生活时往往不愿意投入如此多的持续关注。简而言之，我已经专门为我自己和我在生活中想要的、需要的和重视的东西量身打造了一系列计划。

这就是整体财务健康的意义所在。

整体财务健康的六个基本原则

整体财务健康基本原则一：每个人的价值观、目标和财务状况都是独特的、多维的。因此，你做出的每一个财务决策都要符合你的身份，都要考虑到个人财务状况的整体性。

整体财务健康基本原则二：债务不好也不坏，但始终很重要，它和你的钱或拥有的任何其他资产一样重要。

整体财务健康基本原则三：完全掌握自己的财务状况是很重要的。了解自己不能做的事情，并确保你聘用的人百分之百站在你这边。

整体财务健康基本原则四：未来难以想象，也无法预测。学会与不确定性共处，并制订一个具有灵活性和可选择性的财务策略。

整体财务健康基本原则五：管理好自己的财务生活，以便在严重的经济或生活事件中幸存下来，这对长期财务健康至关重要。努力做到反脆弱。

整体财务健康基本原则六：财务健康来自无畏的自我意识，以及承认我们作为人类拥有认知和情感局限。要清楚地知道你想要什么，你有什么能力，以及你永远无法知道什么。

第一部分

理解货币与债务——这个世界非常复杂

第1章

复杂性和金融森林火灾

2008—2009年的全球金融危机

那是2008年的9月。我刚被调到公司的巴黎办事处，这个办事处位于第16区的区中心，离特罗卡德罗（Trocadéro）只有几个街区的距离，十分安静。我才来到法国几个月，还没有适应法国人的做事方式，当我早上8点到达办公室时，迎接我的居然是空无一人的办公室。所以，在老板和其他来得早的同事到达之前，为了消磨时间，我给自己泡了一杯浓咖啡，坐在办公室里，翻看着公司订阅的一份英文读物——欧洲版《华尔街日报》（*The Wall Street Journal*）。

法国人绝对不懒。工作日里，他们每天要工作到晚上7点多才下班，而且他们对商业的态度也很成熟，因此有不少大公司选择将总部设在巴黎。然而，那时候的我，始终觉得自己像一个局外人。我远离了自己原本熟悉的美国工作文化和办公环境，由于语言不通，而且只见过几位欧洲客户。与此同时，我迫切地想要了解美国老家的消息。即使远在大洋彼岸，我也能感觉到美国的经济正在发生一些重大变化。

那年夏天，美国金融领域存在重大问题的事实已经变得清晰起来。尽管我的注意力主要集中在一个完全不同的社会和经济上，但我还是注意到了经济的不祥之兆。原本稳定的市场波动加剧；各级政府及官员，特别是美国联邦储备系统（以下简称"美联储"）和其他大银行的代表讲话中似乎暗藏着不安与担忧。我和同事们看法相似，都认为美国的住宅房地产市场很疯狂，价格泡沫最终会走向破裂。但我并不知道其中多少东西都依赖于老百姓支付抵押贷款的情况。有着长达85年历史的投资银行贝尔斯登（Bear Stearns）在2008年的2月破产了［后来另一家投资银行摩根士丹利（Morgan Stanley）出来收拾了残局］，但我和许多同事一样，并没有看出这件事的重大意义。我曾看到一家同样历史悠久、备受尊敬的公司——安达信会计师事务所（Arthur Andersen）——在几年前倒闭［还有安然（Enron）等公司］，而当时这些公司的倒闭对经济没有造成持久性损害。所以，我认为经济和市场整体正在经历一个波动期，但短期内不会发生任何真正的戏剧性事件。然而，在9月的那个早晨，一篇关于美国国际集团（American International Group，AIG）的文章让我倍感震惊。

那时，美国国际集团是世界上最大也是历史悠久的保险公司之一。对于一个精算师来说，像保诚人寿保险公司（Prudential Life Insurance）、约翰汉考克人寿保险公司（John Hancock Life Insurance Company）和大都会人寿保险公司（Metropolitan Life Insurance Company）这样的老牌保险公司是金融服务业的基石。保险公司代表着健全财务管理的终极目标，其地位甚至超过了银行和高盛（Goldman Sachs）等投资公司。一百多年来，精算师一直是大多数保险公司的掌舵人。

美国国际集团虽然不像约翰汉考克人寿保险公司和保诚人寿保险公司那样传统或历史悠久，但它在这场游戏中绝不是新手。美国国际集团成立于1919年，主要业务是为在海外经营的美国公司提供商业保险。该公司发展迅速，从20世纪80年代开始收购其他不同领域内中等规模的保险公司。到21世纪初，美国国际集团已经成为世界上最大的保险公司，市值超过1000亿美元。

截至2008年，美国国际集团的业务遍及全球，为数百万个人和公司保户提供几乎所有种类的保险（如人寿保险、残疾保险、财产保险、意外险）。如果非要说美国国际集团与其他大型保险公司有什么不同的话，那就是他们所提供的产品种类繁多。美国国际集团具有很强的创新意识，任何一种新的保险类型都很有可能在美国国际集团出现。与其他大型保险公司一样，美国国际集团有许多精算师，负责监督公司在每次承保时承担的风险和责任。我认为，任何一家备受尊敬的保险公司里的精算师都在应用行业中所有久经考验的技术，以确保市场波动或高度负面的索赔经历不会威胁到公司的偿付能力。

在此背景下，我发现美国国际集团在一个相对较新且规模很小的业务领域，也就是它已经经营了几年的信用违约保险业务，突然出现了问题。信用违约保险本质上是保护债券持有人免受发行债券的实体违约的风险，即以被保险方的信用作为保险责任，如果被保险方违反信用，则由保险公司承担责任。我对这一领域的发展颇有兴趣，甚至思考过我公司的客户是否也可以使用这种保单，因为他们也担心雇主退休计划中的养老金支付安全问题。从理论上讲，这样的保单可以保护雇员，防止他们的公司因为养老金信托中没有足够的钱来支付他们的养老金和福利而破产。这似乎是一个有趣的产品。虽然从核保和准备金的角度来看，这个业务做起来可能很棘手，但我想，他们的精算师应该是已经解决了这个复杂的问题，并找到了一种合适的设定保费和准备金的方法；否则，美国国际集团永远不会制定这样的保险产品。怀着强烈的好奇心，我开始阅读这些看起来有些大惊小怪的材料。

那天早上我读到有文章写道，上周有报道称人们对其一系列"金融产品"，特别是信用违约保险的担忧，可能会导致美国国际集团的信用评级降低。文章后面又写道，这一情况在周末的时候变得更糟。到了周一那天，美国国际集团需要立即注入几十亿美元现金来支付索赔。我觉得这一切实在是太奇怪了，这不是保险业务应有的运作方式。不仅如此，几个小时内，新闻报道的内容变得越发疯狂。数字开始越变越大，报告也越来越清晰可信。中午时分，官员们宣布美国国际集团需要100亿美元，到了下午，该公司需要立即注入800亿美元，否则他们将在第二天破产。

投资银行家以及美国财政部和美联储的官员都来到了该公司。他们通宵达旦地商讨此事，最终签订了一个协议。根据该协议，美国政府同意给美国国际集团提供820亿美元救助，帮助他们扛过这一天。该公司后来又得到了1000亿美元救助，总救助金额达到1820亿美元，这一数值远远超过了该公司的实际价值。作为回报，政府获得了美国国际集团的实际所有权。

这怎么可能呢？什么样的保险产品会在一天内产生800亿美元的索赔（超过公司现有储备）？如果没有实际的债券违约出现，怎么会出现这种索赔？然而，当时有数以百万计的住宅抵押贷款进入违约状态，但在那个时候，我并没有把这两点联系起来。我想知道，如此庞大的资金如何能够如此迅速地从一个地方转移到另一个地方，却没有产生任何进一步加剧的经济后果。这800亿美元到底有多真实？它的表现或感觉与我以往所熟悉的任何资金都不一样。

随着我读到越来越多的细节，我开始感到害怕。我意识到这个系统出了很大的问题，问题显然不仅仅局限于个别保险公司对新产品定价错误或在设置储备金方面有点松懈。全球货币体系的根基摇晃得厉害，体系中看似坚固的一座高塔仿佛摇摇欲坠。我确信即将有一件大事要发生，要么是整个货币体系已经变得与我一直以来想象的大相径庭，要么就是我现在才惊人地发现，货币的概念实际上是多么抽象和短暂。

事实证明，我的担心是多余的，货币的概念（至少截至现在）仍然完整无缺。事实上，美国国际集团根本就不是在投保，而是在持续上涨的房地产市场上下赌注。实际上，他们从事的是一个纯粹的赌博事业，豪赌美国房地产市场不会崩溃。美国国际集团就像赛马场的赌徒一样经营他们的信用违约保险部门，试图通过接受对任何一匹马的无限押注来获得最大的收益，但没有考虑最后的赢家可能是获胜概率很小的马匹，忽视了没有通过对其他马或财政资源押注的方式对冲风险。在这种情况下，美国国际集团发行的信用违约保险单以大约30∶1的赔率支付，那些看起来不太可能获胜的人最终成为赢家。已经有好几本书专门讲述这个复杂的故事，例如，罗迪·博伊德（Roddy Boyd）的《致命的风险》（*Fatal Risk*）。讲述他们如何以及为什么能够做到这一点，并且没有人发现为时已晚。但对我来说，更重要的问题是危机发生的根本原因是什么，为什么它对全球经济产生了灾难性的毁灭？

在2008—2009年发生全球金融危机后的十年里，已经有了大量的文章探究引发和加速崩溃的根本原因和机制。这些描述［如《大空头》（*The Big Short*）］大多集中在贪婪、无知和与系统中少数关键参与者有关的"道德风险"上。现在多数人所熟悉的故事线表明，主要的罪魁祸首是助长房地产泡沫的抵押贷款经纪人和贷款机构、将普通抵押贷款变成只有内行人才懂的（并且危险的）金融工具的投资银行天才、为这些贷款合法性提供了"支持"的半官方组织，如房利美（Fannie Mae）和房地美（Freddie Mac）、给每个人都盖了章并掩盖了这些信用违约债券（CDOs）的风险水平直到为时已晚的评级机构，如穆迪投资服务有限公司（Moody's Investors Services）和标准普尔（Standard & Poor's）。

正如人们所猜测的那样，在金融危机发生后，我们采取了许多措施防止危机再次发生。我们可以详细讨论这些步骤的正确性。事实上，我相信它们很可能能够有效防止下一次房地产泡沫引起的金融崩溃。然而，尽管对2008—2009年的全球金融危机的事后总结可能是准确的，虽然金融"改革"的初衷是好的，但它们无法防止下一次金融危机的发生。

尽管2008—2009年全球金融危机的公认说法很有说服力，但我相信存在一个更深层次的理由可以解释为什么类似的危机不可避免，即我们所有人在投资时面临的挑战的核心。如今我们的金融系统在根本上表现出了复杂性和不透明性。投资市场上那些活跃的领域，其中多数领域之间的依存方式鲜为人知，完全理解它们的人更是少之又少。即使是那些了解其中互相关联的人，也永远无法预测系统的演变以及这些关联在未来可能发生的变化。最重要的是，没有人了解这个系统的整体性。它既不是由任何人设计的，也不由任何人管理。然而，它是一个我们都必须生活在其中的系统。

在我看来，纳西姆·塔勒布是世界上最重要的研究复杂系统及其崩溃风险的专家之一。在其《反脆弱》（*Antifragile*）一书中，他描述了三种不同类型的系统——脆弱的、强韧的和反脆弱的。具体来说，当一个系统对其环境或其所处的宏观系统的波动做出负面反应时，它就是脆弱的系统。强韧的系统是指一个不受波动影响的系统，无论环境或宏观系统给予的压力如何，都能保持稳定。然而，反脆弱系统则会在波动下变得更加强大。反脆弱系统的一个简单案例是人体，人体在受到一定范围内的环境压力时，会变得更强大、更健康。例如，孩子的免疫系统在接触到某些疾病后会变得更加强大，而我们的肌肉也会在运动中形成。在此框架下，塔勒布探讨并解释了许多我们观察到的但一直误解的现象。他讲述了这些误解是如何导致糟糕的决定的。

我相信，任何从事风险管理的人都应该阅读塔勒布的书。在本书的后面，我们将重新审视这个反脆弱性的概念，以及一个人可以做些什么来贯彻整体财务健康六大原则，并以一种不仅强韧而且有反脆弱性的方式管理自己的金融世界。现在，让我们更多地讨论一下复杂性。

我们有多脆弱，以及它会再次发生吗？

1986年，人们对挑战者号航天飞机空难事故展开了大规模的分析。当时，在美国总统里根的指示下，一个特别工作组——罗杰斯委员会成立了，并要求美国国家航空航天局提供必要的信息资源来确定爆炸的原因。尽管小组内部有阻力，媒体也持怀疑态度，但他们做得非常出色，在不到五个月的时间里，委员会成功确定了灾难发生的具体原因，并制订了确保灾难不再发生的方案。许多人可能还记得，杰出的美国物理学家理查德·费曼（Richard Feynman）在国会面前进行了一次戏剧性的演示，证明是一个冻结的O形环密封圈导致了问题的发生。委员会的结论是，如果能预见到这种可能性，并将发射推迟到天气变暖时（挑战者号发射当天佛罗里达州的天气异常寒冷），灾难就不会发生。在费曼教授的指导下，为确保类似的灾难不会再次发生，航天飞机以及发射程序进行了大量修改。

此后的17年间，这个系统一直有效——直到又一次灾难的发生。

2003年，当哥伦比亚号航天飞机升空时，一块泡沫绝缘物料从外部燃料箱上脱落，击中了正在快速上升的航天器的机翼。16天后，当航天飞机开始返回地球时，飞船瓦解成了碎片，并在着陆前烧毁净尽，机上全组人员死亡。后来确定，在重返大气层时，大气气体从机翼上泡沫材料最初因撞击造成的小孔中缓慢渗入，导致了这场灾难。

这两起航天飞机灾难是由可避免的设计或工艺缺陷所导致。但真正的问题不是没有预料到，而是由航天飞机所代表的系统复杂性所决定的。所有复杂的系统，天然容易出现未预料到的组合情况，这些情况可能会使系统崩溃。几十年来，工程师们深知这一点，并使用许多技术使人们免于受这些完全不可预测（人类不可预测）事件的侵害。

从航天飞机和公共交通系统，到维持照明的电网，这些人造系统都极度复杂。当这些系统中的任何一个环节发生崩溃时，就会出现混乱，甚至毁灭。用塔勒布的术语说，复杂系统是脆弱的。然而，总的来说，尽管有这种脆弱性，这些系统还是运作良好。更重要的是，通常情况下发生的故障都不至于带来毁灭性灾难。这是因为保障措施、冗余度和大量应急计划都被纳入了系统本身。这些技术降低了系统的脆弱性，但没有完全消除。

除降低脆弱性之外，上述设计特点意味着当系统发生故障时，会相对直接且迅速地得到恢复。这是因为人们充分了解这些系统，而且这些系统通常稳定不变。即使发生了变化，也是以一种基本确定的方式进行的。我们所看到的航天飞机灾难中包含许多复杂的人类设计的系统，系统的脆弱性和与外部环境给系统带来的随机性（从技术上讲，长时间的随机性就等于波动）确实使得灾难发生了。这种脆弱性无法彻底消除，但我们至少可以测量这种脆弱性，并且采取措施将其最小化。但是，一般来说，我们无法打造一个具有反脆弱性的系统（也就是说，我们无法设计出一个因随机压力而变强的系统）。

然而，还有一些不是由人类设计，而是通过自然进化产生的系统，如人体或地球。人类无法充分理解这些动态的、变幻莫测的系统。塔勒布曾经深入讨论了这些变化是如何发生的，以及为什么我们永远无法预测它们，但现在，重要的是要认识到，进化出来的复杂系统与我们自主设计、创造然后管理的系统有着根本的不同。对于不同性质的系统来说，上面描述的一些降低脆弱性的技术（如冗余、应急计划等）虽然有用，但需要采取不同的方法和态度来避免灾难性的失败。

维持，或者更准确地说不破坏（或不被破坏）这类系统所需的科学仍然处于相对早期的研究阶段。事实证明，精算师们已经思考这个问题几百年了，但他们的视角只局限于如何让一个（脆弱的）企业，比如保险公司，不屈服于一个复杂的宏观环境，比如我们的全球金融系统对此施加的压力。不管精算师们怎么说，但是几乎所有的风险管理技术本质上都是实践性的，而非理论性的，并且经过多年试错才得以发展。在历史上，精算师是风险管理领域内（系统性的和其他方面的）最成功的职业之一，并使许多大型保险公司保持了一百多年的偿付能力。

虽然塔勒布没有特别提到精算师，但他显然非常尊重务实的风险管理和那些在这一领域一直很成功的人（即幸存下来）。他还从深层次的理论角度审视了复杂性的问题。他的一个重要观点是，当系统的生存或生计取决于同性质的宏观环境时，你的重点不应该是试图理解宏观环境，而是理解你与所处的宏观环境之间的关系。你应该格外注意如何应对这种宏观环境中固有的压力、不可预测性和波动性。你不必担心宏观系统本身，因为大多数自然进化的大型系统（如亚马孙热带雨林）在没有人类干预的情况下，已经天然具有了反脆弱性。

真正需要担心的是你的系统与你所处在的宏观环境之间的互动。这就是整体财务健康原则一和原则二如此重要的原因。原则一之所以存在，是因为你的系统是独特的，只有你能知道它的所有细节。原则二之所以重要，是因为债务会使你变得脆弱。如前所述，在更深入地研究不确定性的本质之后，我们将深入讨论原则五和反脆弱性。原则三、原则四的讨论将为建立个人财务反脆弱性奠定基础。

现在我们不妨将注意力转移到这样一个问题上：我们的货币系统究竟是一个什么样的系统？它是否像巴黎地铁或者电网一样，是人为设计的复杂运输或传输系统？它是否像亚马孙热带雨林一样，是自然演化且极度繁复的系统？它是否像航天飞机一样脆弱，乘客们只有保持高度警惕才能活到下飞机，同时接受飞机上的一切（人和其他所有）都终将被彻底摧毁的结局？又或者是像人体一样具有反脆弱性，高压只会使这个系统更加强大？

这个问题的答案是，全球金融系统是一个进化成熟的、复杂到不可思议的系统，而这个系统发端于人为设计出的技术产物，即金属货币。几个世纪以来，越来越多的人类发明既在干扰它，也在使它变强。简而言之，它是一个混合体。在许多方面，它兼具这两类系统最糟糕的地方。一方面，它像一个自然进化的系统，既复杂、充满变数，又不透明，这使得我们无法充分理解和预测；另一方面，它又像人造系统一般，不能在自然可持续平衡状态下运行。这个系统的脆弱程度令人不安，似乎只有持续的人为干涉才能避免崩塌，而这种崩塌足以破坏所有内嵌的重要系统组成部分（如公司和社区）。

因此，我们一路摸索，发明了更好的新技术（例如，美联储）。迄今为止，这些技术防止了最糟糕情况的发生。尽管全世界的聪明人都对经济和金融领域进行了大量的研究和思考，但真正的问题仍然没有得到解答，即我们的全球金融体系究竟有多脆弱，它是否会完全崩塌？

显然，美联储在2008—2009年的全球金融危机中成功地避免了灾难，并且很可能将再次避开2020年新冠肺炎疫情暴发期间金融动荡所带来的影响。然而，如果他们下次无法再成功做到这一点，我们可能会面临真正的灾难性局面，可能会面临货币的完全消亡，市场可能会恢复到货币未被发明前，统管了商业领域数千年的易货贸易体系。

在许多方面，金钱世界与物质现代世界相类似，我们篡改了地球自然进化的进程，破坏了它的可持续平衡发展。我生活在加州，我不相信大自然曾经打算让这么多人类居住在此地。为了在这里生活，我们砍伐树木，建造城市，任凭郊区无序扩张，同时默许郊区周围的荒野肆意延伸。我们在河流上筑坝，以获取生活用水。每隔一段时间，闪电就会击中城市周围干燥的、杂草丛生的森林，火焰在土地上奔腾，威胁着要吞噬人类以及人类所建造的一切。我们已经非常善于扑灭这些森林火灾，而且努力减少并压制住潜在的大火。也许只有这样我们才能生存下去，毕竟世间危险重重，生态系统也已然失衡。用塔勒布的话来说，地球本是一个具有反脆弱性的系统。

正如我一开始所说的，即使全球金融体系需要修复，我也不知道该如何操作。然而，我认为2008—2009年的全球金融危机和2020年的新冠肺炎疫情暴发恰似熊熊野火一般。在这两场灾难中，美联储和世界各地的中央银行的非凡努力拯救了我们的货币体系。就像用于扑灭西部森林大火的空中无人机一样，仅美联储就向世界各地的全球银行注入了超过1万亿美元的流动资金，以防止全球商业遭受灭顶之灾。而在2020年3月，2008—2009年全球金融危机发生后不到10年，灌木丛再次出现，雷电再次袭击，这次是以大流行病的形式使得世界大部分国家和地区经济停摆了好几个月。正如我们后面将要讨论的那样，美联储用尽了储水罐里的"水"，再次扑灭了"烈火"。然而，对于我们中的一些人来说，这是一场令人恐惧的死里逃生。一旦灌木丛再次出现，闪电再次袭来，谁也无法知道世界各地的储水罐中是否有足够的水来扑灭下一场大火。

我们仍然需要生活在这个不确定的、复杂的、十分脆弱的环境中。回答全球经济有多脆弱，政府或其他人应该采取什么措施来减少这种脆弱性，这超出了本书的范围（以及我的专业知识）。然而，个人和企业需要面对的问题是，他们需要做些什么才能在这个极度复杂、杂草丛生的金融森林中生存。

对于这个问题，我也没有准备好如何回答，但我认为森林火灾的比喻具有象征意义。尽管森林火灾具有破坏性，但它只会摧毁该地区的森林和其他易燃物。进一步来说，即使你所处的宏观环境在你周围崩塌，它也不一定会摧毁其中的一切，你甚至有可能在被摧毁之前成功逃离。不妨假设，哥伦比亚号航天飞机开始失控的时候，如果有一个逃生舱口和一个降落伞或一些其他救援设备，航天飞机上的宇航员就有可能幸存下来。

个人和企业都有各种各样的保险，许多人还有其他应急管理系统，主要是为了在地震和飓风等自然灾害中生存下来。制订应急计划和持有"非易燃性"资产，如不加杠杆购买的房地产和实物大宗商品（如食品、燃料、黄金），可以有效应对金融森林火灾。除了这种"金融火灾保险",如果我们的金融系统真的崩溃了,还有其他方法可以让你继续生存下去。我们将在第8章讨论整体财务健康的第五个基本原则和如何具有反脆弱性时继续讨论这些问题。

我不是一个生存主义者,有些人可能认为金融系统崩溃的可能性很小。然而,正如塔勒布所指出的,"我们的世界是由极端的、未知的和极不可能发生的事情(根据我们现有的知识判断)所主导的"。就像那些拥有几个世纪历史的人寿保险公司一样,我相信保持"长寿"是风险管理中最有效的措施之一,也是保持整体财务健康的重要组成部分。

整体财务健康基本原则一所代表的不仅仅是关注财务生活中所有相互关联的地方。它还意味着要认识到你的金融活动与所处的更大的货币宏观环境之间的联系。更重要的是,认识到它们的存在是为所有风险做好准备的第一个关键步骤,这些风险可能摧毁你或你的事业,包括加剧你所处环境的脆弱性。

第2章

货币和债务——它们是什么，它们从哪里来？

看，这才是真正的钱。

——精算师鲍勃。他向他的团队成员展示了刚刚购买的一枚罕见的、未流通的19世纪金币。

黄金、泡沫和1987年的暴跌

在我的职业生涯中，我有幸与美国一些最聪明的精算师共事，其中最富有智慧的是我的老上司鲍勃。鲍勃19岁时就从罗格斯大学毕业，很快就通过了所有的精算考试，并成为历史上最年轻的北美精算师之一。鲍勃一开始在保诚人寿保险公司工作，但很快就被翰威特咨询公司（Hewitt Associates）录用了。他能够将强大的数学思维与讨人喜欢的幽默感，以及精炼且独特的沟通风格结合起来，这使他成为一名卓越的顾问。

在翰威特咨询公司，鲍勃很快就成为办公室里所有年轻一辈的精算后辈们心中的英雄。与其他高级精算师相比，他与我们年龄相当，平易近人，幽默风趣，穿着甚至比我们还朴素。短袖礼服衬衫，廉价的花哨领带，以及来自某个地下室工厂特价秒杀的西装。但更重要的是，无论在哪，他都十分有趣，让人兴奋。虽然高级合伙人努力磨平他的棱角，控制他随时可能爆发的坏脾气（无论问题是否敏感，他都不吝于表达自己的意见），但客户还是喜欢他。他有能力处理几乎所有的精算问题，他可以像气锤一般，聚焦于关键问题，并将其一举拿下。这使得他成为公司宝贵的人才，公司上下对他进行严格保护。

1985年，公司一位大客户搬到了南加州，并要求翰威特咨询公司保证让鲍勃继续与他们合作，因此，我得以与鲍勃一起工作。

鲍勃很快就适应了新的环境，并且有了更多的空闲时间，他开始把他的好奇心放在在他看来对金钱和"东西"的奇怪态度上，这种态度普遍渗透在文化中。我清楚地记得，那天早上他来到办公室，不停地谈论他和他的妻子刚刚给他们位于森林湖的一间二手的房子安装了新的前门。那片郊区有很多住宅区，这个社区也是其中一个。鲍勃所在社区的所有房子几乎都是一样的，所以一扇独特的前门显得格外重要，而这与鲍勃之前在新泽西州的需求并不相同，新泽西州的门只要简单耐用就可以了。他不能理解，为什么这样一扇门要花费3000美元。其价值主张究竟是什么呢？为什么他的妻子如此坚定地认为很有必要花这笔钱买扇门，为什么他的邻居们认为这个价格完全合理？他真是百思不得其解。他想得越多，就越相信这是一个完全非理性的价格反常现象。这个由"大众幻觉"导致的反常现象，不可能永远持续下去。他认为，一旦这股热潮破灭，门的价格将暴跌到更合理的水平。这让他意识到，虽然等待门的价格恢复正常区间不太现实，但或许可以利用"大众幻觉"在其他领域赚一笔钱。

鲍勃开始了有生以来的第一次投资。秉持着这一投资策略，他开始研究价格泡沫的历史和消费人群的狂热情绪。很快，我们晨间谈话的话题转向了17世纪的郁金香狂热和100年后的南海泡沫事件。同时，他开始更仔细地阅读《华尔街日报》和桌上的各种投资市场报告。几个月后，鲍勃认为自己找到了一个黄金机会，对一个在他眼中膨胀到破裂点的价格泡沫进行投注——美国股市。

在整个20世纪80年代，道琼斯工业指数（Dow Jones

Industrial Average，DJIA）一直在稳步上升，从1980年的750美元左右上升到1986年的2000多美元。鲍勃不能理解为什么这一数字会上涨到原来的三倍之多，而当他更仔细地观察个别股票时，他看到的似乎是更加非理性的行为。然而，以鲍勃的性格，他不会立即开始卖空股票。相反，他开始更深入地研究市场机制，包括快速发展的衍生品工具（如看跌期权、看涨期权），以及他认为与美国股市价格有一定关系的其他市场，包括债券、利率期货、大宗商品，尤其是黄金。

在深入调研后，鲍勃开始试水。每天早上，他都会来谈论他新发现的一些复杂的投资玩法，或者将两笔或两笔以上的投资组合在一起，如何能够带来指数级的回报，或是在对冲市场灾难性下跌的同时提供有保障的回报。鲍勃发明了一种定量分析的方法，这种方法在20世纪90年代和2000年前后推动了现代对冲基金的发展，如今这些基金聘用了数百名数学和物理学博士。当然，那些"量化专家"所使用的工具是更强大的超级计算机，而鲍勃此前主要使用美国国际商用机器公司（IBM）所发行的原始版个人计算机（IBM PC）上运行的莲花（Lotus）电子表格进行数据处理。

刚开始的那段时间，我还能够明白鲍勃思考的那些错综复杂的新交易方式，但很快那些东西就变得非常抽象且不真实，让我看不明白。资金是如何流动的、当一个或另一个指数发生变化时（更糟糕的是，当两个不同的指数之间的价差缩小或扩大时）谁赚了多少，这些根本就与商品和服务的价格以及我所认为的"真正的"货币失去了联系。尽管我不再能跟随他的思路，但我总是乐于听到他做成了一笔交易，后来鲍勃开始越发频繁地达成交易。

在许多方面，鲍勃不仅是早期的对冲基金定量分析专家，而且也是早期的日间交易员（Day Trader），虽然他总是盯着大事件，并认为最终的股市崩盘将无法避免，但他能够利用市场上的"漏洞"和低效，做一些精明的生意来增加收入。当市场下跌时，他赚钱的主要方式是"抛出"看跌期权，他希望在大灾难到来时，这些期权可以供给他的退休生活。需要给不熟悉这个术语的人解释一下，看跌期权指的是一种在未来某个特定日期之前以规定价格和数量出售股票的协议。理论上来说，这种期权应该是用来对冲已经拥有的股票价格下跌的风险，但鲍勃所购买的"裸看跌期权"，构成了对崩盘可能性的纯粹押注。如果股市继续上涨或在期权到期前（通常是购买后3到6个月）只是暂停上涨，那么这些看跌期权将变得一文不值，但如果标准普尔500指数或道琼斯指数突然大幅下跌，鲍勃将获得巨大的财富。

　　基于他所看到的股票市场的"价值幻觉"，鲍勃在进行深奥难懂的投资的同时，也开始涉足另一个市场，在这个市场上，价值的真实性建立在数千年的历史基础之上。具体来说，就是黄金市场，更具体地说，就是稀有金属市场。

　　那是1986年，在他对各种经济泡沫的研究中，有一个鲍勃感兴趣的泡沫——黄金的价格最近破灭了。鲍勃对黄金格外着迷，因为黄金在历史上一直被人类视为真正的天然货币，这与他在其他地方进行的高度抽象的投资不同。我想，将投资黄金这样有形的货币与投资其他不太具象的股票相结合的做法，可能为他提供了一种稳定的投资结构，同时也符合传统投资理论所建议的资产类别多样化的原则。不管是出于什么原因，鲍勃的投资组合看起来是彻头彻尾的精神分裂，他的投资分到了两个完全不同的板块之中。但是，和他所做的其他投资一样，鲍勃对这两项投资都有充分的投资理由，而这两者之间的"不协调"似乎一点也不影响他。

　　在我看来，收藏金币的理由相当有说服力，我甚至也被说服加入这个行列，并且买了一些金币。美国在1973年脱离金本位制后，黄金开始像其他商品一样进行交易。价格一开始呈上涨态势。之前，它被固定在每盎司（英制单位，1盎司≈28.350克）40美元左右，但后来几乎稳定在每盎司200美元左右。然后在1979年和1980年，黄金成为热门投资，价格暴涨，在1980年1月达到了每盎司850美元的高峰，然后又跌落到更"正常"的价值。在鲍勃开始对黄金市场感兴趣时，每盎司的价格处在300美元左右，约为6年前最高价格的三分之一。

正是从这个时候，鲍勃开始投资黄金。起初，他所感兴趣的是纯金条，但鲍勃很快就意识到，如果他打算把黄金作为一种真正的"货币"形式来投资，他不妨更坚定一些，于是他开始购买金币。不久后，鲍勃经常出没于南加州各地的钱币展，并学习如何判断所谓的"标准"或"未流通"货币的真实情况。他结识了一些经销商，订阅了许多专门讨论货币收藏的刊物。每周一的早晨，他都会向我讲述他上周末"探险"的故事，以及他取得了怎样的成果。我们办公室的一位律师把鲍勃以及与他同样狂热的同伴形容为"捡拾闪亮玻璃碎片的猴子"，但是鲍勃不屈不挠、再接再厉。鉴于他在精算领域的卓越表现，我当然不会对他有丝毫怀疑。

1986年和1987年的大部分时间里，鲍勃继续实行独特的"双模式"资产配置策略。这在一定程度上很有意思，因为他的两个赌注都来自同一个基本的世界观——我们认为有价值的金融资产大多只是我们集体想象的产物，支撑它们的不过是对健全货币的信念、专家对价值的衡量，以及对美国经济未来的信心。在他看来，这种信念终将被证明是一种幻想。迟早，我们都会意识到这一点，罗马帝国之前的货币和价值的基本定义将重新出现。

在1987年10月19日（黑色星期一），美国股市经历了历史上最糟糕的一天，在短短几个小时内下跌了22.6%。不幸的是，尽管鲍勃是正确的，但他没有像他本应该做的那样精确地执行他的策略，他的大部分"出仓"看跌期权刚好在几天前到期了。他后来告诉我，如果崩盘发生在几周前，他持有的许多期权的价值将是他所付价格的500倍。尽管他可能感到气馁，但事实证明他的基本分析是正确的。他继续将剩余的资金投入贵金属货币中。与此同时，黄金的价格稳步上升，人们也愿意为实体货币支付越来越高的溢价。到1988年我离开公司的时候，鲍勃的"真实"货币投资继续升值。为了追求下一个大收益，他已经开始研究一个新的投资理念——一匹好赛马就是一笔好的投资。很久以后，我才知道这种投资的确切形式，但当我进入职业生涯的下一阶段时，一种既模糊又明确的不安环绕着我。我们用来标定客户负债情况所用的资金，以及我们所说的支持这些债务的投资价值，远远没有我们引导自己和客户去相信的那样坚实和可衡量。

为了了解我们的金融系统已经变得多么不靠谱,我们需要回到过去,好好看看货币是如何演变成今天这个形态的。

货币和债务简史

事实上,货币的发展历史并没有很长。直到中世纪晚期,货币仍然只是一种交换媒介。当时人们通常把方便易携带的黄金作为货币,并将其切块,用来衡量不同商品和服务的价值。从根本上说,货币是人类的一项杰出的技术发明,作用是促进商品和服务的交换。

例如,屠夫可以用他的肉来交换衣服,而不需要与每个顾客进行冗长的以物易物谈判。几千年来,这个系统一直运作良好。黄金的供应始终保持相对稳定,当然,发现新的矿藏(或征服其他拥有黄金的人)等同于即刻创造财富,并会在一定程度上破坏市场。然而,总的来说,每个人都能够接受黄金所具有的固有价值。

然而,社会不可能独自实现良好的运转。在16世纪,人们将银行业务制度化,并将相关领域的两大新"概念"纳入货币体系,即债务货币和利息。这两个概念就像自然现象一样很快被正式接受,并与货币本身的概念密不可分。尽管今天几乎无法想象一个没有它们的世界，但在当时这两个极具重要意义的概念充满了争议性。虽然债务货币和利息的概念很早就已经在历史上出现了，但直到文艺复兴时期商业银行的兴起，它们才被编织进我们的货币体系结构。

利息的概念最早出现，它的"种子"在五千多年前播下，当时的产业只有农业和畜牧业。想种地的人需要从邻居那里借来种子，收获后将种子还给邻居，同时多给一些粮食作为利息。畜牧业也在发生同样性质的事，例如，农民将一头公牛借给只有一头母牛的人，配种后，对方会将公牛和其中一头新生的小牛一起送回。随着城市的发展，出现了更为复杂的经济现象。随着金属货币的普及，利息发展出了一种新形式。具体来说，人们不再用丰收后得到的种子或动物（即借来的商品有机生长后得到的产物）进行偿还，而是对货币本身收取利息。

这一了不起的概念性飞跃发生在古埃及法老时代。尽管这个概念很棒，但很快出现了问题。一方面产生了像黄金这样的"无法衍生的"材料如何增殖这样的哲学问题，另一方面，收取的利息和用借来的钱购买的商品的实际增值之间的脱节，创造了前所未有的新概念——"违约"。古人解决这个问题的方法显然较为落后。古人认为，如果你不能支付利息，你就会成为债主的奴隶。这一观念导致越来越多的农民成为债主的奴隶，进而出现了越来越多的社会问题。亚里士多德本人极力反对货币利息的概念，并且最早提出了"高利贷"一词。一千多年来，利息在道德方面备受争议。所有主流宗教都强烈反对它的存在。

渐渐地，由于还款与否始终存在风险，人们最终还是接受了利息这一概念。与此同时，人们将高利贷重新定义为一种超过了我们现在认为的"无风险回报率"或"货币的时间价值"的利息。最后，在16世纪早期，高利贷被认为是日益复杂的经济中固有且必要的组成部分，在这种经济系统中，金钱在商品和服务的生产者与消费者之间快速且持续地流动。借出和收到钱款之间的时间变得足够长，就需要"货币的时间价值"这一概念来保持系统顺畅地高效运作。对于金融服务行业的人来说，我们清醒地认识到，金融的一个基本原则，也是我们很少质疑的一个原则是金钱的时间价值，此观点在一千多年的时间里被视为世间的一大恶。

一个有趣的假设是，如果没有银行的崛起和债务的爆炸性增长，那么利息是否仍然可以成为货币体系的一个永久特征。也许它仍是，但当银行开始发行债务并改变货币本质时，利息可能就不再长久存在。为了理解其中的原因，我们需要回到16世纪的英国，在那里，那些每天与金属打交道的金匠，发明了世界上有史以来第一个部分准备金银行制度。

数百年来，金匠们不仅与黄金打交道——打磨、测量和交易，而且为了方便客户，还为那些不想随身携带黄金的人保管黄金。他们会给客户提供一张收据，并在黄金存放期间收取一定的费用。这项服务在当时很流行，金匠们非常受人信任，后来过了一段时间，人们不再使用真正的黄金，而是把从金匠那里得到的收据当作钱来使用。从本质上讲，金匠们的行为无意中进入了银行业务的模式。

不幸的是，他们不仅没有就此罢休，而且像其他商人一样，努力寻找增加收益的方法。一些金匠意识到，不是所有人都在同一时间兑换黄金，所以金匠们可以将持有的大量黄金挪作他用。在此基础之上，他们开始将黄金收据（也就是货币）借给那些没有那么多黄金"存款"的人，因为他们知道，即使借款人将收据"花"给那些想用黄金赎回的人，但绝大多数情况下，借款人会在此之前连本带利将借款还给金匠。事实上，如果有人要赎回这些新出具的收据，金匠们可以使用其他人的黄金进行兑现。因此，市面上可能会有五倍于实际黄金的收据流通。这是一个奇妙的系统，此时的金匠比历史上任何时候的收益都要高。金匠们也许没有找到可以化铁为金的点金石，但他们已经找到了一种无中生"钱"的方法，或者更确切地说，找到了从债务中创造货币的方法。

当然，唯一的问题是，如果所有的收据都同时兑现会发生什么。由于当时的社会相对稳定，财务披露规则（至少对金匠来说）还不存在，因此，这种情况持续了很长一段时间，这一点令人十分惊讶。事实证明，这场盛宴并没有毁于"金匠挤兑"（也就是很多人突然都去找金匠提现），而是一些大玩家，特别是银行进入了这个游戏。

据我所知，第一家涉足发行和创造货币业务的大银行是1609年成立的阿姆斯特丹银行。起初，该银行严格遵守规则，只发行与黄金存款等额的收据（即货币）。这种货币的安全性、稳固性和可靠性很快就对公众产生了巨大的吸引力，因此该银行快速发展壮大，其发行的货币也几乎成为该国使用的通用货币。欧洲其他地区也开始出现这种性质的"中央银行"，纸币的使用变得司空见惯。银行并没有忘记金匠们的经验。很快，实际黄金存款与流通货币总量的比例开始下降。即使是建立在100%储备原则基础上的阿姆斯特丹银行，也开始通过秘密发放超过其黄金储备的贷款来创造货币。其他银行则更加透明，明确地将准备金率设定为低于100%。这一举措的反响良好，随着准备金率的下降，货币供应量得到了奇迹般地增长。最终，公众接受了这样一个事实：他们所花的大部分钱其实根本不存在，只是由银行发债创造的。只要生产力足够偿还贷款和利息，这个系统就能正常运转。

近四百年来（除了偶尔的银行恐慌），这个系统运转良好。我相信很多人都看过乔治·贝利这个银幕角色在《生活真美好》（*It's a Wonderful Life*）中对部分准备金银行体系的辩护。我深知自己那个时候被骗了，而且完全没有真正质疑过银行的"真实"资产只占未偿存款的一小部分的观点。如果你在几年前问我这个比例是多少，我可能会说是25%左右。也就是说，所有货币的75%是"想象"出来的，是银行仅仅通过提供信贷而创造出来的。这一点本该使我万分困扰，因为依靠我们未来的生产力来获得75%的财富似乎是一个沉重的负担。然而，实际情况却比这更糟。

我知道我们不再是金本位制，并且正如我们接下来将讨论的那样，许多杰出的经济学家和数学家都认为，我们目前的制度可以长久持续下去。但有一个很简单的比率使我忧心忡忡，那就是世上所有黄金的价值总额与所有流通的货币之间的比率。当然，这个比率并不像它听起来那么简单，但我试着算了一下。首先，在互联网上搜索："世界上流通着多少钱？"因为现在人们对金钱的定义方式存在一些争议，所以我得到了很多答案。其次，通过使用一种非常保守的衡量标准（如：支票账户、储蓄账户和大额可转让定期存单的数量等），得出一个普遍认可的数字，40万亿美元（其中有10万亿美元在美国）。世界上所有黄金储备的价值总额比较容易确定，因为它可以称量和追踪，并且是真实存在的实体。结果发现，有大约34000吨黄金由政府和银行等持有，按每盎司1300美元计算，黄金价值超过1万亿美元。也就是说，黄金的价值总额与所有流通的货币比例略低于3%。

关于债务和杠杆的更多信息

这种程度的杠杆已经足够令人不安，但故事并没有结束。货币总量的97%，都是我们认为自己拥有但实际上属于债务的钱，并且是在我们明确承担的实际债务之外，通过抵押贷款和汽车贷款等各种形式欠下的。据估计，这一数额约为200万亿美元。

如今，债务有多种形式，我们大多数人既是贷款人又是借款人。除传统的汽车贷款、抵押贷款和信用卡债务外，许多人还背负着大学或研究生阶段的学生贷款，以及像汽车和租约这样的隐性债务，这些债务都要求我们在未来偿还一个固定的金额（或一系列的款项）。不仅如此，大多数人还承担着其他债务，也就是存款和401（k）计划养老金账户中以投资的名义持有的公司或市政债券。如今的债务世界几乎和货币世界本身一样复杂且种类多样，相互关联的借款形式层出不穷。比如现在买房时可获得的15年的固定利率和30年的可变利率抵押贷款组合。幸运的是，尽管形式复杂多样，但它们都遵循着数学和法律的规律和要求。

债务的关键变量

1.贷款的期限：贷款在未来的什么时候需要偿还？

2.债务的应计利率：这可能是固定的，也可能是可变的——特定的数字或浮动的"指数"。

3.还款条款：一次性付款，分期付款或混合付款。

4.违约条款：如果借款人不偿还贷款会怎样？

虽然几乎每一种形式的债务都可以用上述四个变量来描述，但借贷方面的许多金融创新业务（如可转换债券），可能会影响其性质，甚至可以在某些情况下将你的投资从债务（即债券）变为股权（即股票）。

接下来，我们将讨论现代复杂债务世界中固定存在的一些危险。但对于大多数人来说，必须做出的最重要的金融决策是：确定什么时候应当无负债，什么时候可以适度举债，以及什么时候更适合成为贷款人，通过购买债务和别人所偿还的借款来投资获得回报。

债务是一把双刃剑，虽然有很多人非常准确地指出了它的危险，并提供了如何避免债务的简单方法，但债务决策极为复杂，且具有独特性，无法归纳为一套通行规则。为了说明这一点，我在前面描述了如何战略性地使用债务和杠杆，从而在一定程度上实现财务安全。在我们讨论何时以及如何避免因负债而陷入困境之前，我想再分享一个由于过度避免负债而带来负面影响故事，以及在这种情况下，如果过早地还清所欠的债务，会发生什么。

教育的价值

我的朋友亚伦是一个非常聪明的人。亚伦在三十多岁的时候移民到了美国。不久，他就爱上了一个曾就读于哈佛大学的急诊室医生萨拉。萨拉家境贫寒，但最近入职了湾区的一家大型医院，收入前景一片光明。

他们很快就走入婚姻并有了两个非常聪明的儿子。莎拉专注于为他们的财务情况保驾护航，而亚伦负责照顾两个儿子。除了抚养孩子，亚伦还要为他们的生活做出战略性财务决策。亚伦之前是一名部队后勤官员，因此，他善于找出"关键路径"并先做"最重要的事"。对他来说，这个新家庭面临的第一项关键的"任务"是摆脱莎拉在学医过程中背负的近10万美元的学费债务。

当然，他们的生活中也有其他迫在眉睫的财务问题。他们要考虑住房成本和学校学费，要为孩子们的大学学费攒钱，考虑得再远一点，他们还要考虑退休保障的问题。不幸的是，像我们中的许多人一样，亚伦按照支出的时间来确定这些问题的优先级（首先是学生贷款，其次是住房成本和学校学费，再次是大学储蓄，最后是退休保障）。但要命的是，他没有考虑这些问题之间的联系，更没有从整体上考虑他的财务状况。

于是，他和莎拉几乎花光了他们本就不太多的积蓄和来自莎拉行医获得的额外可支配收入，用来偿还学生债务这个对他们来说可怕的经济和心理负担。在严格控制了五年预算之后，他们终于在大儿子即将进入幼儿园时还清了贷款。在他们预想的完美生活中，他们原本会在一个理想社区里买房，但实际上，尽管没有债务，他们还是没有足够的钱付首付。因此不得不权衡，是在好学区里花高价租房还是送儿子去私立学校。经过对学区和考试成绩等因素的研究，亚伦和莎拉做出了一个看似完全理性的（孤立的）决定，在当地最好的公立学校附近租一个小房子。搬过去以后，再努力地为在同一个社区买房攒首付（当然，这里拥有当地最高的房价）。

这一切本可以顺利进行，只是未来远比我们想象得更加难以确定并且难以预测。夫妇二人从20世纪90年代末开始偿还贷款，可是亚伦对住宅房地产市场和大学教育价格的预测大错特错。在接下来的十年里，北加州的住房价格（以及首付所需的金额）以前所未有的速度飞涨。

到2007年，当他们终于积累了足够的资金来购买房子时，房价已经飙升到了疯狂的地步。亚伦正确地决定拒绝投身于价格泡沫之中。与此同时，大学的学费正飞速增长。当亚伦思考迫在眉睫的房价问题时，供他的儿子上想去的大学读书这一问题似乎变得更为棘手。当然，这两个问题是密切相关的，而这恰恰是亚伦忽略的关键因素之一。如果他之前举债买了房子，而不是先偿还莎拉的学生贷款，那么，拥有一笔价值五倍于所需预付现金的资产带来的杠杆效应会使房屋净值的（从长期来看）增速远高于大学费用的增速。（注意，即使每年的房价变化不稳定，这一点依然成立）。

这样的策略可以让他们在接下来的一段时间内既能还清学生贷款，又能对房子进行再融资，从而腾出足够多的资金来支付大学学费。简而言之，如果亚伦和莎拉当时能整体地考虑他们的财务情况，他们本可以实现预想的所有财务目标。

有些人可能会问，为什么我在讲述亚伦和莎拉的故事时没有谈及利率或税收。简单来说，这根本不会改变我要说的话。事实上，如果一定要说的话，低利率抵押贷款的可获得性和房屋所有权所固有的税收补贴，更能证明当时应该买房而不是偿还学生贷款。

现在回想起来，在2008—2009年全球金融危机结束以后的2010年，亚伦和莎拉本可以抓住住房市场回升的机会，也许还可以买一套房子，其未来的升值空间将使他们有足够的房屋资产（通过房屋净值信贷额度）来供儿子上学。但是，正如我们许多人所记得的那样，那是一个令人恐惧的时期，无论是对市场还是对整个经济而言都是如此，而且房价的走势尚不明朗。

2016年，他们的大儿子从高中毕业，此时，他们的小儿子也将步入学校。亚伦和萨拉此时的财务状况极度艰难，而这种状况本来是可以避免的，但不是通过2010年的购房来把握市场时机，而是从一开始就进行全面性的整体思考，认识到资产和负债既是多种多样的，又是相互联系的，以及不是所有的债务都是坏事。我们当前的所有财务决策对未来的影响虽然不可预测，但都是可以预想和准备的。

我们今天所处的位置

尽管就个人而言，利用债务和杠杆来实现财务目标可能是积极的，但事实是，美国人承担的所有债务已经创造了一个复杂且脆弱的世界。可悲之处在于，在过去的几十年里，我们用集体共有的40万亿美元的名义财富作为抵押，来创造更多的债务，并进一步提高了自己的杠杆率。除此之外，在过去的二十年里，我们看到银行、保险公司（如美国国际集团）、对冲基金和其他各种金融机构开发出越来越复杂精密的方法，以进一步增加他们所操作的杠杆（主要是通过衍生品）。保守估计，这些衍生品的结算价值（一方欠另一方的金额）超过700万亿美元，有些统计结果认为这一数字超过1万亿美元！

1万亿美元是我此前从未预想过的数字，在我看来，它只是强调了当今货币概念的不真实性。整件事情似乎就像电影

《幻想曲》（*Fantasia*）中的场景，巫师的学徒变出一把扫帚来清理巫师的实验室，并惊恐地看着它神奇地自我复制。虽然一开始提高了完成工作的速度，但最终导致了混乱和灾难的发生。

尽管如此，几十亿人依旧依靠货币生存，货币仍然有必要作为交换媒介而存在，它对世界的正常运转仍然至关重要。令人高兴的是，人类的适应能力很强。实际上，我对于货币的未来抱有很大的期望，我认为我们和货币可能会以某种方式演变，使得人类能够继续在日益复杂的世界中殷实富裕。

我还见过我的老上司鲍勃一次。那是在2008—2009年的全球金融危机前不久，他前一年刚刚从翰威特咨询公司退休，精神状态依旧很好。他买了一匹赛马，并计划在接下来的几年时间里带它到全国各地的赛马场比赛，希望这匹马可以成为下一个"秘书"［2010年美国电影《一代骄马》（*Secretaria*）中赢得美国三冠大赛的赛马］。我问他最近他的钱都投在了什么地方。他的回答非常简练，"国债"，我立刻意识到他对黄金，特别是稀有贵金属货币的"真实"价值的赌注得到了巨大回报。我们没有详细谈论他的财务状况，但我很清楚，在他退休之前，他一定对他的未来收入和支出流做了相当详细的规划，并认识到在任何情况下，前者的现值都超过了后者。

当我们衡量的钱不代表真实的当前价值，其中99%（或更多）的价值将在未来产生，以偿还创造它的债务时，这些对于"现值"计算有多有效？在我看来，这里存在一个自我参照的问题，与道格拉斯·霍夫斯塔特在他的《哥德尔、艾舍尔、巴赫：集异璧之大成》（*Gödel, Escher, Bach: An Eternal Golden Braid*）一书中讨论的思路很相似。用另一个本身取决于未来的量，将现在等同于未来，这是一个逻辑悖论，并没有解决实际问题。也许我们应该重新计算，从已有的实际价值的1%（选取一个数字）开始，然后对未来几年将要支付或收到的现金与它当时的预期（真实）价值之间的关系做一些假设。不过，这就需要知道，或者至少预测，货币体系在未来将如何演变。

尽管名义上精算师在勾勒未来发展情景方面非常在行，但我认为没有人能知道货币将来会发生哪些变化。这在很大程度上取决于我们自身对货币的看法，以及以后开发哪些新技术来改善削弱货币系统所依赖的已经有所动摇的基础。

虽然货币的长期未来难以捉摸，但我们可以预测一些可能发生的情况。现在我们把注意力转向当今金融领域的一些发展成果，我猜测这些成果将对未来系统的发展产生重大影响。这些新发展成果不会简化当前系统，但它们的发展前景良好，并且可能防止或至少预先阻止金融系统在未来可能发生的大面积崩溃。

第3章

货币和债务的未来

补充货币以及可能消亡的法定货币

货币的未来确实无法预测（想一想整体财务健康原则四）。然而，最近有一些新的发展成果出现。近年来，替代或补充货币相继出现。这些新型货币中最有名的是比特币，但如果仅仅关注它，或者是一般的加密货币，我们就有可能错过一个更大，也许更重要的全景。

伯克希尔币、伊萨卡小时券和在当地消费

现在，市面上流通着五千多种独立的补充货币。有些是我们所有人都非常熟悉的全球性货币，比如可以在不同的网站上兑换使用的航空积分里程。还有一些限于本地社区使用

的货币，外人对此几乎一无所知。这些货币与比特币的根本区别在于，虽然也可以用美元购买，但是通常情况下，它们很难换回美元。换句话说，它们不是一种"对冲"或投资。相反，它们在设计之初就被限定只能兑换特定的商品或服务。

有些情况下，像航空积分里程那样的替代货币，可购买的商品和服务非常有限，但可使用的地域范围却很大，使用人数也很多。还有一些补充货币，在设计之初就不是为了让某个公司获利，而是为了服务于某个特定社区。在我看来，这些货币的社会效益要好得多，而且不太可能被纳入当前的货币体系。如果真的发生了我们在第1章中所描述的金融森林火灾，这些补充货币可以为我们提供庇护和支撑。这些货币可被用来交换多种商品和服务，并且独立于美元体系之外，在有限的地理区域内运作。这其中的两大典型代表是社区货币和时间货币。

社区货币具有本土性质，只能在一个界限明确的社区内购买商品和服务。其中一个非常成功的案例是在美国马萨诸塞州伯克希尔县流通的伯克希尔币（BerkShares）。

你可以在十六家社区银行里使用美元购买伯克希尔币，这些银行与该县政府和当地企业签约，成为这种货币的创造者和记录者。即使允许有多余伯克希尔币的企业在困境中用美元赎回（折扣极大），也不存在相应的市场。当地人预想的是，只要社区还在，它们就会一直流通。随着越来越多的居民和企业加入，社区也在发行和出售更多的伯克希尔币。增长的货币供应量确实需要管理，但具有储蓄职能的伯克希尔币不支付利息，也不发行债务，所以也就不会出现和美元系统中由于不可持续的杠杆效应产生的相关问题。该货币系统自2006年开始实施，目前约有价值700万美元的伯克希尔币在市场上流通。

时间货币与社区货币有许多共同属性，但前者具有两个额外的特点，使它们未来的应用领域可能更加广泛。一个例子是伊萨卡小时券（Ithaca Hours），发始于位于伯克希尔以西几英里处的纽约州伊萨卡城。这种货币的使用方式类似于伯克希尔币。它的一个特点是，除可以用美元购买伊萨卡小时券之外，人们还可以通过为发行货币的"银行"（此处的银行是指，伊萨卡一个与当地信用社合作的非营利组织）工作来赚取伊萨卡小时券。另一个特点是，个人也可以通过向社区成员提供服务来赚取伊萨卡小时券。伊萨卡小时券与时间的联系十分明确。在某种意义上，它为管控货币供应量的增长提供了一个有用的基准。换句话说，就像人们一开始发明货币时那样，货币本身与人们普遍认为有价值的东西挂钩（即时间与黄金）。通过使用"时间标准"而不是金本位制，时间货币在某种程度上也更容易扩展，并且不受地域限制，因为无论住在哪里，每个人都拥有时间。事实上，现在有一个全球时间交易所（Global Time Exchange），可供在全球范围内进行交换服务。

没有人知道这种类型的货币会在多大范围内传播扩散，但在我看来，这两种类型的补充货币可能代表了我们对未来最美好的期愿。为了理解这其中的原因，我们需要回到纳西姆·塔勒布的反脆弱性概念。

要想使系统不仅具有弹性，而且具有反脆弱性的关键在于，要尽可能地确保系统不能太大、太统一，同时避免受到集中控制。实际上，最稳定的系统不会以等级制的方式进行管理，而是高度分散且多样化的。在这样的系统中，一个部分的失败不会拖垮其他部分，相反，可能会因为为系统的其他部分创造了发展空间而对整个系统起到加强作用。

为了理解这一点，让我们从一个思想实验开始。假设虚拟货币真的成功取代了美元，成为经济生活的媒介。那么问题来了：这个系统真的会更稳定吗？当前货币系统的缺陷确实会被弥补，但市面上仍然只有一种货币在流通。即使可以将虚拟货币转换成另一种加密货币（就像你可以把比索换成瑞士法郎那样），这个系统本身仍然可以被打垮，就像2008—2009年的全球金融危机几乎打垮了全球经济一样。

弹性（以及理想情况下的反脆弱性）的原则之一是：在压力面前，系统应该不受影响，甚至变得更加强大。当然，一个基于虚拟货币或其他加密货币的系统与2008年过度杠杆化的不透明美元经济中的次级抵押贷款违约所面对的压力并不相同，但是否存在其他我们目前想象不到的压力可能会扰乱虚拟货币经济呢？是否存在恶意黑客、技术故障、停电或其他可能困扰全数字化的去中心化货币的危险呢？我们不得而知。

就像许多其他生态系统一样，真正的稳定性和反脆弱性不仅来自多样性，更来自非相关的多样性。我认为我们需要各种各样的货币，它们独立运作，并且互相之间难以兑换。

一个非常重要的问题在于，我们的金融系统能否顺利过渡到这种多样化模式。而实际上，补充货币的存在和发展就已经充分说明，未来不会像当前的货币世界所呈现的那样恐怖动荡。

话虽如此，不过经过美联储等中央银行的不懈努力，我们当前的货币体系很可能将幸存下去。自美国于1971年放弃金本位以来，美联储的任务就是保持货币体系平稳运行，避免它像其他复杂体系那样出现灾难性崩溃。在下一节中，我们将讨论美联储是如何产生的，它是如何开展工作的，以及为了保持这个复杂而脆弱的系统未来也能够正常运行，美联储日后还需要付出哪些努力。如果你想要知道这些问题的答案，那就要记住，在金融森林大火中幸存下来并不一定需要知道消防员是如何工作的，但有必要了解消防部门拥有哪些资源，以及他们如何部署和调配这些资源来控制和扑灭火灾，这可以帮助你更好地保管自己的金融资产，以免下次金融危机来袭将它们化为灰烬。

非物质化货币、负利率、现代货币理论（MMT）和法定货币的可行性

2019年春天，我送我20岁的儿子到奥克兰机场。他计划飞往纽约，搬进那里的新公寓，并准备在曼哈顿的一家大公司开展暑期实习。他有航班要转，有出租车要赶，还有行李和家具要搬，以及其余一系列复杂的后勤工作等着他完成。

告别之际，我问他钱包里有多少现金，以及是否需要任何额外的现金以备不时之需。他给了我一个疑惑的眼神——那种当一个小孩问演员怎么会变得这么小，小到可以装进电

视里时，大人会露出的眼神。他的口袋里不仅没有纸币，甚至没有信用卡，而且他甚至不愿意迁就我拿几张20美元好让我不为他担心。他给出的解释是，我对于货币的认知和他不同。他可以用智能手机、Venmo（一款小额支付软件）和贝宝（PayPal，一种国际贸易支付工具）进行支付。即使手机出现了技术故障，他也可以使用驾照和护照来证明自己的身份。

虽然使用现金支付仍然是我和全世界几十亿人生活的重要组成部分，但显然，货币的非实体化正在顺利发展。用不了多少年，我们的后代对待金钱的方式就会成为社会主流常态。

摆脱实体货币的趋势已经持续了数百年，但在过去的几十年里，这种趋势的发展急剧加速，所带来的影响值得深思。在某种意义上来说，五百年前就已经有这种趋势。当时的金匠们为他们所保管的黄金出具借据，这些借据比实物黄金更容易携带。这似乎是推动这一趋势的核心动机——物理层面上的便利。从纸币到支票簿到信用卡，再到现在可以通过智能手机访问的Venmo账户，我们一直在寻求将自己与物理意义上存在的货币分隔开。这种做法可能和心理有关，也可能和经济有关，因为许多人以及文化认为钱是脏的，并且不愿触碰。然而，货币的非实体化对我们的经济也产生了影响，随着现金的完全消失，我认为接下来影响将更加显著。

到目前为止，非实体化提高了货币从一方转移到另一方的速度和效率，特别是在大型金融交易过程中。不妨设想一下，在18世纪买下一栋大房子需要花费多少时间精力。在当时，买方需要到银行提现然后把实体资金交给卖方，卖方需要将其转移然后重新存入银行。另外，卖方可能会想要真金，以避免收到假钱。进行实际交易除了会面临延迟问题以及耗费精力，尽管进行实际交易的时间相对短暂，双方还需要注意携带大量黄金所带来的安全隐患。而如今，资金在买卖双方之间的流动更加迅速且安全。这在很大程度上是一件好事，事实上，这也是发明货币的重要原因——促进商品和服务的交换。

然而，这种速度和效率也导致了一些意外的、消极的后果。由于现在货币的流通速率接近光速，所以普通人往往很难追踪货币的去向。银行和其他金融机构利用时间上的滞后和"浮动"（即从买方支付到卖方收款之间的时间），在他们拥有资金的几天、几小时，甚至几秒钟内使用这些钱。我认为许多使金融系统变得复杂的创新金融工具和技术，都是因为货币从纸张转为数字化货币而得以发展。不透明性和人类的贪婪使情况变得更糟。

我现在想讨论的问题是，如果实体货币完全消失，会发生什么？事实上，虽然实体货币的消失可能会使以后的系统变得更加复杂和脆弱，但矛盾之处在于，我也认为这种现象将使得系统"管理者"能够保持系统不崩溃。这样做可以给我们提供足够多的时间打造一个更具可持续性的系统。实现这一步骤的关键是负利率。

为了成为一名精算师，我必须通过一系列的考试，这些考试涉及精算学诸多核心问题。其中一个早期的基础考试是关于"利息理论"的。其中的数学运算很有意思，我很快就可以熟练操控和解决有关各种金融工具的问题，包括债券、年金、沉淀资金和许多其他深奥的金融形式。利息可以按年、按月、按日，甚至连续支付，但它永远不可能是负数。在我的任何学习材料中，从来没有出现过利率为负的情况，甚至从未在理论上考虑过这个问题。这样做的理由十分充分：没有意义。如果某家银行疯狂到告诉储户们存款利率会是负数（即向客户收取把钱存在银行的费用），那么每个人都会把钱提取出来，以现金的形式保管和贮藏，银行很快就会失去所有客户。

但是，如果现金不再存在呢？如果货币仅存在于银行或其他持有资金的金融机构的数字记录中呢？那么，无论是账户存款的利息还是未偿还贷款的利息，利率不是有可能降到零以下吗？

上述问题可能看起来非常不现实，看起来只会作为一个恐怖情节出现在科幻电视剧《黑镜》（*Black Mirror*）中，但事实并非如此。它不仅有可能发生，而且此刻正在发生——不过不是针对像你我这样的普通储户和借款人，而是针对欧洲和日本的大型银行和机构投资者，因为对他们来说，持有成堆的数十亿欧元或日元纸币是不现实的。在负利率的国家里，没有人会因此感到不安。事实上，人们普遍认为中央银行具备将利率推至负值的能力是一件好事，而且这个做法也许能够使我们的系统免于崩溃，或至少可以维持一段时间。为了理解这其中的原因，我们需要回顾一下中央银行在金融系统中扮演的角色，看看为什么它们拥有这种权力是十分重要的。

你最熟悉的中央银行很可能是美联储。在某种情况下，美联储主席是全美国权力最大的人。1913年，美国国会创建了美联储。不久后，伍德罗·威尔逊（Woodrow Wilson）总统于1914年任命了第一任美联储主席。在美联储存在的105年里，历经15位男主席和一位女主席——由奥巴马总统任命的珍妮特·耶伦（Janet Yellen）。无数记者和金融专业人士会仔细分析现任主席杰罗姆·鲍威尔演讲时所说的每一个词和每句话，不仅要看它们的意思，还要注意它们所暗示的内容。那些手握大笔资本的人对于美联储在下次开会时会做什么不会做什么的猜想，可以使得整个市场猛烈震动。

在某些方面，你可以认为美联储是银行的银行。美国几乎所有的银行都在这里开展业务。这里也是美国政府存放资金、支付账单的地方。事实上，为了开办一家银行，你需要得到美联储的批准，然后在那里建立一个储备金账户。银行必须使用原始资本购买美国国债，然后存入该账户。

像其他普通银行一样，美联储吸纳资金，持有资产，并追踪存款人的账户。例如，政府将税收和其他收入全部存入美联储，并使用美联储账户的支票支付账单。更重要的是，美联储也会像任何其他银行一样借款，主要是借给其他银行。

它还拥有其他银行没有的一种近乎神奇的力量。如你所见，美联储真的可以印钱。事实上，美国人口袋里的所有纸币都是"联邦储备券"。美联储负责印刷这些流通中的纸币，并将其分给任何要求得到它的银行。与此同时，美联储会从银行的储备金账户里扣除相应的部分。

为什么银行随时都可以从美联储"订购"成堆的百元大

钞？实际上，为了得到美联储的授权进而获得现金，银行需要证明它所拥有的资本可以满足美联储设定的储备金要求。这种资本可能来自创始人在银行成立时得到的初始投资，也可能来自银行开业以来积累的资产。一个值得深思的悖论在于，一家银行的资本可能来自另一家银行。但最终，它只是体现了当今货币体系短暂的和基于信用的本质。尽管如此，资本本身的价值是有形的，并且可能会以房地产或公司股票的形式展现出来，它代表了未来收益的价值，人们普遍认为它是真实存在的。

一旦一家银行开始营业和经营，美联储又做了两件至关重要的事情。首先，他们规定银行必须保证的最低储备金数额，其次，他们规定银行支付和接收存款的基准利率（这就是为什么你经常看到人们对于"美联储将提高利率"的恐惧或希望）。

最低储备金的要求直接影响到银行通过发行债务创造货币的程度。这其实也就是金匠们在500年前发明的"部分准备金银行制度"，乔治·贝利在《生活真美好》这部电影中解释了这一制度。正因为如此，世界上超过99%的货币并不真正存在，而只是以信用为基础的法币，即相信我们能够生产出有足够价值的东西来偿还所有货币背后的债务。

美联储控制利率的主要方式是调节联邦基金利率，如果银行想借更多的钱，从而增加他们的准备金到规定的最低限度的话，就必须支付相应的利息。银行会定期这样做，从而增加贷款量并创造利润。发放贷款是银行获利的主要方式，也是经济发展的主要引擎之一。如果美联储把这个利率定得太高，意味着资金使用成本上升，那么银行就会减少向外放贷，使经济增长放缓。相反，当美联储降低利率时，经济会加速发展。虽然我把这个事情的影响过度简化了一些，但提高和降低利率确实是美联储和其他中央银行管控经济形势的主要途径，从而避免出现困扰世界的繁荣-萧条周期。

从历史上看，美联储在保持经济系统稳定方面总体做得很好，但在2008—2009年全球金融危机期间，它发挥的作用只能勉强维持系统没有彻底崩溃。房地产市场崩溃导致经济大幅下滑，抵押债券纷纷违约，以及一长串企业（如美国国际集团）像多米诺骨牌一般接连倒下。在此情况下，为了维持系统正常运作，美联储迫切希望人们持续消费，银行持续放贷。为此，他们将利率降到几乎为零，降到了理论上可以达到的最低水平。此外，他们降低了储备金要求，并开始从银行回收大量违约贷款（也就是我们经常听到的"有毒资产"）。他们不仅用了所有可支配的熟悉的杠杆，而且本·伯南克（Ben Bernanke）（时任美联储主席）决定使用美联储自己的资产（作为世界上最大的银行）去试着止血，这一举措前所未有。尽管他们最终取得了成功，但只能算是侥幸。

虽然美联储使我们的系统免于突发事件带来的经济崩塌（其中涉及了一些我们很快会谈到的技巧），但下一次我们可能就没有这么幸运了，除非美联储能把利率推到零以下。而这时就需要货币完全非实体化，一旦货币只存在于银行的数字记录中，不再存在现金，那么理论上利率就没有下限。换个角度来看，历史表明，通常情况下如果要使经济走出衰退，美联储也许需要降低3%~6%的利率。2008年5月，在危机已经呼之欲出的时候，美联储将贴现率（银行可以从美联储借款的利率）定为1.98%，导致他们根本没有降低利率从而拉回经济的空间。这就是为什么美联储不得不采取非常规措施，才能将经济从崩塌边缘拉回来。下次再发生这种规模的危机，并且利率处于这种水平的时候，不必惊讶。想想如果这是你自己的钱，无论当时的商业环境看起来多么糟糕，假使银行愿意为利息买单，你不是也会去借钱投资吗？

如果你仍然认为以上只是胡乱猜测，可以去看看国际货币基金组织（IMF）一位工作人员最近发表的文章，该组织负责监督国际货币体系，监测189个国家的金融和经济政策。

在一个无现金的世界里，利率将没有下限。为了应对严重的经济衰退，中央银行可以将基准利率从2%降至–4%的水平。降息的同时也会影响银行存款、贷款和债券。在没有现金存在的情况下，为了把钱存在银行，储户将不得不支付负利率。这就使得消费和投资更具吸引力，从而鼓励贷款，促进需求，并刺激经济。

那么，我们应该如何为这个陌生的未来做好准备呢？如何应对可替代的货币形式种类激增，储蓄利率可能为负这一情况呢？

正如我们在第1章中所说，你可以把金融系统看作一个纠缠不清、杂草丛生的森林，在这里你很容易迷失方向，同时很难走出去，一场又一场的森林大火会毫无征兆地迅速蔓延。

就像我们在上面所建议的那样，如果想要谨慎一些的话，可以购入一些非易燃资产作为保障，如无杠杆的房地产和其他不动产，但更为重要的是在心理上积极准备好接受这个新世界。可以采取多样化的方式处理自己与货币和债务的关系，将其视作把你的部分金融生活从森林转移到高山上，移到树线以上的地方，即使发生森林火灾你的资产也可以安然无恙。除趣味性之外，这样做还可能使你走上通往可持续发展经济的道路。如果经济真的崩溃，你可能会发现你所持有的资产的价值远超出你的想象。

与此同时，如果在下一次金融危机来临之时，你发现银行因为帮你保管存款而找你收钱时，不要惊慌或生气。只需明白，这是头顶上的灭火器正在喷洒高科技阻燃剂，目的是拉回经济。

然而，一种名为现代货币理论（Modern Monetary Theory， MMT）的新经济理论为决策者提供了一些希望，也就是说，现代货币理论认为这个举措有用。对现代货币理论细节的讨论远远超出了本书的范围，但有兴趣的读者可以去读一读斯蒂芬妮·凯尔顿（Stephanie Kelton）的《赤字神话》（*The Deficit Myth*）。这本书对现代货币理论如何发挥作用以及为何有用进行了详细讨论。对于我们来说，只需要知道，如今美联储准备在以前的基础上进一步采取措施，从而创造出足够多的货币来维持系统正常运行。

第二部分

寻求帮助——这个世界太嘈杂

第4章

善意的危险

普通家庭只存在于纸面上，其平均预算也是虚构出来的，是一群统计学家为了方便统计学家而发明的。

——西尔维娅·波特（Sylvia Porter）

事实证明，尽管如今是男性主导着个人理财和投资咨询领域，但实际上发明财务规划这一职业的是一位女性。在20世纪30年代，西尔维娅·波特开始为《纽约邮报》（*New York Post*）撰写个人财务建议专栏。如同历史上经常发生的那样，直到1942年才有人知道波特是一位女性，而此时该专栏已经非常流行且成熟，没有人再关心她的性别。

据说，和目前许多金融顾问一样，波特也是因为经历了一场金融灾难才开始写关于金融问题的文章。像当时的许多人一样，她的家庭也在1929年华尔街股灾中损失惨重。波特比其他人更幸运的是，这次挫折并没有完全摧毁她的财务前景，而且给她灌输了一个强烈的愿望，那就是帮助尽可能多的人避免重蹈覆辙。与许多后来者不同，波特不仅真实，而且知道自己在说什么。1932年，她以优异的成绩毕业于纽约城市大学亨特学院，随后，聪明的她开始了对金融世界的不懈研究，很快在纽约大学获得了工商管理硕士学位，与此同时，波特还在为格拉斯（Glass）和克莱（Krey）的投资公司工作。25岁左右的波特在债券、黄金和外汇市场上的业务熟练程度就已经可以与最出色的同事相媲美。

波特在其他方面也与当时的金融顾问不同。大家都说，她的职业道德水平极高。同时，她还热衷于从事公众金融事务教育。波特是最早注意到日益复杂且不透明的金融系统会对工人阶级的财务福祉构成威胁的人之一。她觉得金融事务的沟通方式"莫名其妙"，而她的使命就是尽己所能地教育公众。波特孜孜不倦地保护消费者免受银行和其他金融机构的伤害，因为这些机构会利用普通劳动人民的无知，并且使人们错误地相信了控制货币供应和流动的人。

很多人都喜欢看波特的专栏和她在20世纪30年代末写的书。很快，许多其他报纸和杂志也开始开设金融咨询专栏。在第二次世界大战后的经济繁荣时期，金融世界的规模和复杂性都在急剧增长。不幸的是，对金融咨询需求的急剧增加吸引来了一些不太理想的咨询顾问。

请不要误解我的意思。我并不是说在个人金融和投资咨询行业中没有诚实、聪明和善良的人。虽然确实有很多这样的人，但这个领域现在已经鱼龙混杂。更重要的是，由于货币和投资市场已经变得异常复杂，提供咨询建议和销售"产品"之间的界限已经模糊不清，任何不是该领域专家的人都很难将这两种建议区分开。

个人财务和咨询行业的详细历史和发展是一个有趣的话题，但不是本书的重点。相反，我现在想更深入挖掘的是如今提供建议的人是谁，以及他们在说什么。同时为你配备所需的工具，从而帮助你判断自己从那些写书以及在互联网上到处发表意见的人那里听到的建议是否正确。我想帮助你识别，你将在他们唱的甜蜜歌曲中听到的虚假音符，同时避免盲目遵循他们的指示所带来的危险。在接下来的几页中，我们将仔细研究这一领域，讨论这个领域中一些表现较为突出的专家，并指明危险所在。这些专家会从许多方面说明他们是如何达到目前的财务状态的，以及如何才能保持财务健康。

安慰性食品和苏兹·奥曼

20世纪90年代末，我和我的伙伴在加州伯克利经营一家小型精算咨询公司。因为我们专注于养老金固定收益计划这一个领域，而我们的大多数竞争对手都是大型公司并且提供全方位服务，所以我们一直在寻找其他小型咨询公司，想要与之形成战略联盟，以填补产品的空白。特别是由于当时大多数有养老金固定收益计划的公司也有401（k）养老储蓄计划，我们需要找一家公司能够在利润分享计划（Profit Sharing Plan）和401（k）养老储蓄计划等固定缴费项目的设计和管理方面提供专业意见。幸运的是，在距离我们不远的埃默里维尔，有一家结构与我们一样的小公司专做此类计划的咨询业务。它的两位创始人列夫（Leif）和布莱恩（Brain）是一流的退休计划顾问，在大型的全国性雇员福利咨询公司里工作了近十年。

恰巧，当时列夫和布莱恩也正在寻找像我们这样的公司作为战略合作伙伴，因此我们安排了一次讨论会议，探讨合作的可能性。我们公司的起源相当平凡，而列夫和布莱恩的公司则是从一个知名企业分离出来的，充满了阴谋、被偷走的客户、威胁诉讼和一系列的戏剧性情节。尽管一开始如此动荡，也可能正因为有这样一个动荡的开始，他们的公司成立不久就取得了成功。列夫和布莱恩如果没有如此强烈的冒险精神，就不会有这样的成果。在短短三年多的时间里，他们的付出就得到了回报，他们的业务也得到了极大的发展。我们见面的时候，他们已经不再在原来那个简陋的地方办公，而是搬到了湾区最高建筑里接近顶层的地方，在那里可以看到旧金山天际线的盛景。午餐后，他们邀请我们回到他们的办公室欣赏独特的四桥景观，并讨论如何一起推销业务。坐在他们的大会议室里，他们谈到了自他们成立以来所获得的许多客户，以及所有他们知道并可以介绍给我们的做退休服务领域咨询的同行。在谈话中，列夫随口提到他最近与苏兹·欧曼（Suze Orman）见了次面。我的伙伴和我都印象深刻。

"你真的认识苏兹·欧曼吗？"我问。

"当然，她实际上现在管理着一批员工，我们和她聊了聊她的公司情况。"布莱恩有些自豪地回答。

"那真是令人印象深刻，"我说，"与一个对业务如此了解的人一起工作，一定很有意思。"

这时，现场一片寂静。布莱恩看了看列夫，列夫也看了看布莱恩。然后他们都看了我一眼，那种眼神我只能用隐晦一词来形容。最后，列夫小心翼翼地说："苏兹是一个非常好的人。我们非常喜欢她。"

在那之前，我并没有太关注苏兹·欧曼。那时候欧曼在湾区已经相当有名，但还不是今天的全民偶像。我曾听过她在当地电台节目中的讲话片段，觉得她的建议很有道理，但也很盲目。例如，"还清信用卡，不要买船！"。我不知道她的背景，我那时以为她只是一个相当成熟的金融从业者，为了让听众们理解，她需要将自己给出的建议简化。然而，列夫的评论使我想要停下来好好想一想，并让我第一次了解到财务规划的世界。这是我第一次对像欧曼这样的理财规划师的建议以及他们的讲话价值感到失望。

在那次谈话之后的20年里，我愈发震惊地看到越来越多的苏兹·欧曼之辈出现在大家的视野之中。他们的建议变得更加大声、更加尖锐，而且在我看来，这些建议更加错误。比错误更糟糕的是，许多建议是由那些矛盾到无可救药的人提出的。换句话说，他们没有把听众或读者的最大利益放在心上，因此，遵循他们的建议甚至会给个人财务健康带来危险。

我不认为欧曼给出的建议是糟糕的——至少在她职业生涯的初期是这样。直到最近，我发现她的大部分建议都是合理的，而且是真心想要帮助她的观众。不幸的是，就像你读到或听到的几乎所有其他人的话一样，她所说的远不止表面上看到的那样简单。

如今，欧曼的故事有据可查，鼓舞人心，而且在许多方面，与西尔维娅·波特的故事相似。我之所以从欧曼开始说起，是因为我相信她的成功，以及其他一些"早期进入者"的成功，导致了现在普遍存在的大多数个人财务建议的质量和实用性"竞相下降"。下面让我们回到欧曼是如何从当地早餐店里拿着最低工资的店员成长为如今极具影响力的、极为富有的、白手起家的女性的故事。

关于欧曼在毛莨面包店时顾客对她的忠诚和喜爱，以及他们如何借给她52000美元开自己的餐馆，或者关于她因美林证券（Merrill Lynch）的一个无良和不称职的经纪人的错误投资建议而失去这笔钱的经历，都没有什么争议。同样清楚的是，她把那次挫折作为自己成为投资顾问的动力，不仅赚回了数倍于最初损失的钱，而且开启了她持续至今的使命，那就是帮助人们避免遭受她所遭受的金融灾难。与这一行业的许多人不同，从各方面来看，正如勒夫所言，欧曼是一个"非常好的人"，她已经帮助了很多人。

但苏兹·欧曼的故事也有鲜为人知的阴暗面。让我们从她真正的财务智慧开始说起。在《因小失大》（*Pound Foolish*）一书中，作者赫莱茵·奥伦（Helaine Olen）对金融规划行业未能披露利益冲突和服务公众利益的做法进行了精彩的批评，尽管有些过分简化。该书讲述了欧曼成为一名财务顾问的过程，突出她在同理心和销售方面的独特才能，与之相对应的，是她对该领域的实质缺乏真正的理解或天赋。奥伦引用了欧曼的一位经理的话说，虽然有更好的投资者，但"没有人可以比她更好地向投资者推销"。

这一印象得到了验证，因为欧曼可观的个人财富几乎全都可以归于她惊人的图书销售量，而不是成功的投资。而且她自己也承认，在投资方面，她并不遵循自己给出的建议。正如奥伦所指出的，欧曼将她的大部分资金投入风险极低的市政债券而不是股市，而她却公开建议她的听众投资股市，以便获得"每年11%~12%的正常股票收益"。甚至到了2012年，欧曼还在建议投资股票，让她的听众去读她非常认可的市场择时投资理论。除有些虚伪之外，很明显，欧曼既没有理论基础，也没有实践经验，无法做出战术性市场时机决策，更不用说让自己成为此类问题的专家了。

不幸的是，情况后来变得比这更糟。因为欧曼已经从业足够长的时间，她的预测（例如，"11%~12%的正常股票

回报"）已经被证明是错误的，她现在所提供的建议与她在
职业生涯前十年所倡导的完全相反。她现在把重点转移到了
"支出管理"上，她说社会保险和医疗保险可能注定失败，
我们的401（k）计划不足以把我们从金融灾难中拯救出来。
我不愿在此对欧曼错误的预测提出批评，因为许多"专家"
都犯了这个错误。但是，像欧曼这样非常依赖听众信任的人，
在没有事实根据的情况下应该更加小心说话。更糟糕的是，在
过去的几年中，欧曼未能抵挡住诱惑，她利用自己的知名度，
与经纪公司［美国交易控股公司（TD Ameritrade）］、投资经
理［马克·格里马尔迪（Mark Grimaldi）］和预付借记卡发行
商［认可卡（Approved Card）］达成金融合作，这使得欧曼给
出的建议的独立性严重存疑。

综上所述，在金融建议的传播者中，我相信苏兹·欧曼
是相比之下较好的一个，或者至少是危害较小的一个。事实
上，我相信她至少在初期是真诚且真心想要帮助那些走投无
路的人。作为该领域真正的先驱，曾与海量求助无门的人沟
通交流的欧曼理应得到称赞。不幸的是，许多追随她的金融
顾问误导了他们的追随者，那些顾问的行为比欧曼更不道德。
事实上，听从他们的建议只会让你陷入严重的财务困境。

接下来让我们从戴夫·拉姆齐开始。从许多方面来看，

他是目前向公众提供财务建议的所有财务规划师中最受欢迎且最有影响力的。

戴夫·拉姆齐和正直的生活

在我写这本书的时候，市面上最畅销的个人理财书籍的作者是戴夫·拉姆齐（Dave Ramsey）。他的书虽然表面上被包装成理财规划的指南，但实际上聚焦于正直的生活，并对诱惑保持警惕。他将债务视如寇仇，并将其视为世间万恶之源、通往奴役之路。他认为任何健全的财务计划都应该将无债一身轻的生活当作唯一目标。

我并不质疑拉姆齐对债务的高度仇视，他所倡导的减少和消除债务的特殊方法，使人们对自己的财务状况有了更好的感受。他的方法也的确可能会让一些人更有纪律性地管理自己的财务生活。我甚至会承认，在少数情况下，它可以略微改善一个人的财务健康状况。然而，从客观和经济的角度来看，它在一些层面上是完全错误的。

他的债务雪球计划只是一个例子，说明拉姆齐对债务的分析实质上具有十分严重的误导性。在他的畅销书《资金运转完全手册》（*The Total Money Makeover*）中，非常详细地描述了这种个人财务管理技术。他声称，这种方法将帮助你"摆脱债务，并以难以置信的速度投资"。本质上，债务雪球法指的是，实现财务健康的方法就是尽一切可能偿还全部债务，比如降低生活标准或更努力地工作从而增加收入来还清债务，无论债务的类型或者利率是什么。如此看来，这个观点似乎有点可笑，但我如今已经把书中完全资金改造这一部分读了好几遍，这的确就是拉姆齐的意思。

后续建议比这更加糟糕。拉姆齐表示你不仅应该努力还清所有的债务，并且不应该从利息最多的债务（如信用卡债务）开始，而应从欠款最少因此也是最容易还清的债务开始。他甚至说，为了实现这一目标，你应该把你其他所有开支降到最低，包括只支付循环信用卡账单的最低还款额。他居然告诉读者，该策略的一个关键部分是"除最小的债务外，其他所有债务都应该只支付最低还款额，直到最小的债务还清为止"。这不仅是非常糟糕的建议，而且盲目遵循它会让你陷入真正的麻烦。让我们来看看这个策略会给你的财务生活带来多大的危险和潜在的破坏性。

首先思考拉姆齐用来证明为什么债务雪球策略如此强大的数字案例。他描述了一个"收入为5万美元的典型美国人"，每月支付1995美元的各种贷款，包括汽车和抵押贷款、最低额度的信用卡还款、学生贷款，以及一些"杂项债务"。拉姆齐接着写道，如果这个家庭每月不用支付这1995美元，而是将这些钱投资于共有基金，15年后他们的资产将超过100万美元，28年后将超过550万美元。委婉地说，这个说法具有高度误导性。

首先，也许最惊人的地方是，拉姆齐假设的前提是共同基金投资的回报率高得离谱。准确来说，他所假设的年回报率略高于12%。他似乎真的认为这是合理的，因为他在书的一开始就说，通常情况下你应该投资"良好的增长型股票共同基金"，因为它们"随着时间的推移应该会产生12%的收益"。为了强调这一点，他明确指出，"任何一个像样的经纪人，只要真的想教你投资，都可以在睡梦中带领你找到平均收益率常年超过12%的基金。正如我们前面所看到的，这种说法直接与历史、当前的经济理论，以及我们对未来的不确定性和不可预测性日益深化的理解完全矛盾。

除此之外，这种比较本身也是有缺陷的。首先，拉姆齐似乎在暗示，这个家庭每月支付的全部1995美元都是在偿还债务的利息，而不是债务本身。事实上，每月支付的1995美元中的很大一部分已经用来偿还债务了。根据我的估计，1995美元中有900美元左右（或45%）用于支付本金，而每月实际支付的利息只有约1100美元。事实上，抵押贷款利息通常是免税的，这就意味着，这位典型消费者每月税后收入中只有不到1000美元用于支付利息，所以拉姆齐应该用这个较小的数字与其他投资进行比较。换句话说，如果你有债务，你最终还是需要还清。更快地还完债唯一能省下来的是少付的利息部分。

为了从数字上证明债务雪球策略的缺陷，我将拉姆齐的例子拆分，并深入研究了实际债务的构成，包括估计利率和还款期可能的情况。实际债务构成的可能性有很多，下面将展示一个合理的还债方案（见表4-1）。

表4-1　实际债务的构成及合理的还债方案

债务类型	欠款金额 / 美元	利率 /%	月供 / 美元	还款年限 / 年
抵押贷款	130000	6	850	25
学生贷款	20000	8	165	20
信用卡	12000	15	185	12
杂项	7500	8	120	7
汽车一号	21000	5	495	4
汽车二号	7500	5	180	4
总计	198000		1995	

　　尽管我可能在具体细节上犯了一些小错，但拉姆齐所描述的债务性质确为如此。无论案例中的实际情况如何，我下面的观察结果应该是有效的。

　　关于上表，首先要注意的是，所罗列的债务中有且只有一项的利率高于12%。假设拉姆齐是对的，也就是人们可以通过投资股票，在未来30年内获得12%的稳定回报，那么从逻辑上讲，除了信用卡，偿还任何债务都是不可取的。你可以想象一下，如果能够以8%的利率借钱，然后以12%的利率投资，你可以赚到多少"白来的钱"。12%的回报即使是付完贷款的利息，仍然有4%的利润（12%减去8%）进入你的口袋。更重要的是，显然，不管后续要做什么，拿到通过控制开支或努力工作而额外获得的美元之后，这个典型的美国人做的第一件事应该是还清信用卡欠款，这样做可以成功赚取15%的回报。这是一笔好买卖，比投资股市要好得多。

　　至于其他债务，如果一个人要简单地"按数字行事"，选择就会变得有点棘手。如果你对股市不太乐观，你可以考虑提前偿还学生贷款或杂项债务。这样做相当于从这些额外的付款中获得了8%的保证收益。鉴于你并不看好股市，那么这些债务的偿还很可能是一个更稳健的投资，而不是在共同基金投资的"过山车"上碰运气。在我看来，提前偿还汽车和抵押贷款的想法，在这种特定情况下可能是错误的，是在浪费钱，而这些钱可以更有效地分配到其他地方。这是因为这些贷款的税后利率非常低，大多数人可以为还款所需的钱找到更好的投资去向或使用方式（甚至投资在股市中）。

我对上述看法的唯一警告是，承担和维持多少债务是一个复杂的、无法量化的问题，因为携带大量未偿债务（抵押贷款、汽车或其他）会在你的个人资产负债表中产生杠杆和一些风险。正如我们已经讨论过的，杠杆作用使你的财务状况更加脆弱。我将在第14章再次深入探讨这个问题。

拉姆齐的观点是，确定还款的优先次序，首先偿还最小的债务，将鼓励人们更加遵守财政纪律。首先，我很难相信他有资格对这个本质上是行为经济学的问题提供建议。更重要的是，从财务角度来看，这种策略是非常低效和危险的，因为它有效地延长了所有债务的总偿还期，使家庭面临不可预见的财务挫折的严重风险，导致他们在这些小债务被逐一偿还的同时落后于一个或多个被搁置的大债务。

以未偿还债务的数量来衡量我们的财务状况，这种想法让我觉得很可笑。如果我对这个典型的美国人的未偿还余额和贷款利率的重建是合理的，那么，拉姆齐推荐的债务雪球策略将可能使这个家庭在额外的财务费用和损失的投资收入方面花费数千美元，超过了他们只是如期付款，在每月支付1995美元后用他们能够负担得起的任何钱来支付他们的信用卡债务，然后将剩下的钱投资的金额。如果采取更合理的策略，加速偿还一些贷款，从收取最高利率的贷款开始偿还，那么当你遇到利率低于投资不偿还债务的钱所能获得的收益率的贷款时，停止偿还，就可以有更大的节省空间。

也许现在你已经听够了拉姆齐的错误策略，但还有一个更重要的问题需要思考，这与本书的基本前提高度相关。那就是，即使债务雪球的结构没有那么大的缺陷，他的方法还有一个更根本的问题。具体来说，由于几乎每个人的金融生活都很复杂，以及金融市场和整个系统的巨大复杂性，这样一个简单的解决方案不可能成为人们问题的通用答案。正如西尔维娅·波特所说，虽然很多人都忘记了，

但根本不存在所谓的典型的美国家庭。每个人的具体情况都是独特的，即使不同的人"在表面上"看起来是一样的，但我们每个人都有自己的价值观，导致我们对风险和未来可能性的权衡非常不同。我们每个人都需要自己决定在这片金融荒野上走到哪里，我们想爬哪座山，我们愿意忍受多少坏天气，以及最终，我们想在哪里搭帐篷，我们想如何生活。

我们在第二章讨论了货币的历史。正如我们所看到的那样，债务和利息的发明是早期非常有争议的技术改进之一，以促进货币作为交换媒介的功能。债务和利息使得商品和服务的交换在提供和接受这些商品和服务之间有了时间差。从那时起，债务的数量以及类型和用途的数量已经爆炸性增长。正如我们所看到的，在过去的几百年里，随着债务基本概念的加强，出现了大量的贷款。这些贷款包括固定和可变抵押贷款、信用卡、投资保证金和学生贷款等。债务本身现在太复杂了，不能如此简单化地对待它。当它以多种形式嵌入我们的生活中时，"债务的存在是否是一件好事？"这个问题就变得毫无意义。正如整体财务健康原则二所述，你如何处理债务对你的财务状况是绝对关键的。然而，关于债务的决定必须在整体上和全局背景下做出。

尽管戴夫·拉姆齐关于债务和投资回报的建议可能是糟糕且错误的，但实际上他所展现出的赤裸裸的利益冲突才是最困扰我的。如前所述，当欧曼开始将自己与特定的产品和服务（例如，市场导航员通讯）联系起来并从中赚佣金时，她很可能越过了道德底线，而理论上她也在提供"独立"建议。但欧曼的问题与拉姆齐相比显得微不足道，拉姆齐将"利益冲突"提升到了一个新高度。除了利用他负责的那档广受欢迎的广播节目从其他不那么纯粹的地方（如保险经纪人的广告）获得收入，他甚至通过"戴夫·拉姆齐支持的本地供应商计划"（Dave Ramsey-Endorsed Local Provider Program）赚钱，拉姆齐在此过程中推荐其他的金融顾问，而这些顾问之间也互相矛盾，因为他们会从自己所推荐的投资中收取佣金，导致所提供的建议并不独立。

数以百万计处于弱势地位的消费者购买了戴夫·拉姆齐的书，并继续听从他所提出的具有破坏性的建议，这是一场悲剧。但在我看来，拉姆齐只是金融规划行业中错得最明显的那个。我们将在下一章中看到的，还有许多人在以其他或微妙或不那么微妙的方式误导公众。

第5章

骗子、愚人和蛇油推销员

你相信魔术吗？

我不知道你怎么样，但我喜欢魔术表演。对于我来说，魔术不仅会让我因为看到有人做了一些似乎不可能的事情而感到惊奇，还会让我想知道"他到底是怎么做到的？"。但它的意义远不止于此。魔术是一种原始的、令人兴奋的东西。当我看着一个真正的黑暗艺术大师的时候，我变成了一个小孩，甘愿相信自己看到的真的是魔法，舞台上的神秘人已经挖掘出真实存在的力量，但除他之外没有人能使用这种力量。当然，我现在知道了更多魔术手法，但当有人解释一个魔术究竟是怎么完成的时候，我还是忍不住有点失望，因为世界和逻辑重归正常状态，甚至是令人困惑的状态。

我们都偷偷地想要相信魔法，在涉及财务问题时尤其如此。在财务问题上，我们经常会感受到束缚，极度渴望能够神奇地摆脱枷锁，逃离困境。许多理财建议提供者正是利用了这种心理。但我们不能像孩子一样，在看完胡迪尼的表演后，认为自己可以穿着紧身衣跳进湖里逃脱而不被淹死。我们需要认清现实。除非我们彻底了解魔术是如何完成的，并且培养出能够上台"表演"魔术的能力，否则不要尝试自己亲身去尝试。

你们当中有许多人都在寻找能够奇迹般摆脱财务问题的方法。即使冒着让这些人失望的风险，我还是会解密金融魔术师（尤其是你在电视上看到的那些）用来愚弄你，让你误以为财务问题可以轻松解决的技巧。

就像任何优秀的魔术师一样，金融顾问也善于进行心理操纵。在表演任何魔术时，都有一件非常重要的事情，即要让观众看向错误的地方或关注错误的对象。当涉及财务问题时，我们很容易就会走错方向，误入歧途。因为我们不仅不是理性的金融决策者，容易受到强烈的情感偏差以及恐惧和贪婪的影响，我们还天生具有认知偏差，天生就容易犯系统性错误，所有这些都是顾问可以利用的弱点。我们在第四部分谈及这些人为因素时，你就会明白为什么我们会被那些饶有兴致地告诉你如何管理财务情况的顾问们所吸引。我现在想讨论的是他们是如何做到的。

你所遇到的更为普遍的技巧中，有不少都是围绕着众多金融策略的"障眼法"。顾问往往会提供很多看似重要的信息，但实际上与你个人的基本财务问题无关。

单单是描述这种误导的种类和程度就可以写满一章。比起深入研究你会如何迷失在各种干扰之中，我更倾向于建议你远离任何声称"教育"现象细节的书，这些现象可能与你的具体情况有关，也可能无关（例如，人工智能的未来将如何改变你的投资方式）。大部分这样的文章可能是出于善意，并且经过精心研究，但几乎可以肯定的是，它与需要你立即做的财务决策没有直接关系。

里克·埃德尔曼（Ric Edelman）的畅销书《关于你未来的真相：你现在、之后以及将来都需要的金钱指南》（*The Truth About Your Future: The Money Guide You Need Now, Later, and Much Later*）可以证明我的观点。埃德尔曼相当聪明，是一个非常好的作家。他也是我朋友的一个关系亲密的同事。我非常尊重埃德尔曼本人以及他的沟通技巧。我也没有理由怀疑他的职业道德或良好意图。话虽如此，我认为他的阐述方法很容易导致你出于错误的原因做出重要的财务决策。

金融顾问使用的另一种危害可能更大的误导形式，是将相关关系表现为因果关系。几千年来，这个大问题一直困扰着科学家和其他寻求真理的人，所以它在财务规划领域的流行并不令人惊讶。不同的是，科学家们总是小心翼翼地避免混淆这两个概念，并不遗余力地避免犯这种错误，而很多财务规划师似乎要么没有意识到这个问题，要么乐于利用听众未能发现二者差异这一弱点。

韦斯·莫斯（Wes Moss）所写的《你可以比你想象得更快退休》（*You Can Retire Sooner Than You Think*）（亚马逊个人理财畅销书排行榜第18位）的第1章提供了一个混淆相关关系与因果关系的典型案例。在这一章中，莫斯试着给他的读者一些关于如何成为一个"快乐退休者"的建议。为了给出建议，他首先展开了"研究"。正如莫斯所说："我在对46个州的1350名退休人员的全面调查中坚定不移地寻求答案。"他甚至"去了佐治亚理工学院数学系，让佐治亚理工学院数学系，找GA科技数学俱乐部的前主席和一位数学教授共同验证了数据的'可信度与重要性'"。他得出了什么结论呢？其中一个"重要"研究成果是：快乐的退休人员"不开宝马车，但不快乐的退休人员经常开"。基于此，莫斯建议你"放弃宝马，坚持使用性价比高的品牌"。希望大家可以意识到，莫斯在这里把相关关系误认为是因果关系。也许不快乐的退休人员确实拥有宝马车，但这并不意味着购买宝马车会导致你成为不快乐的退休人员。

虽然你现在知道了，购买合适的汽车不会使你的退休生活变得快乐或不快乐，但莫斯从调查中得出的另一个结论也混淆了相关关系和因果关系，这个结论直指大多数人最大的金融资产管理问题的核心。具体来说，他发现快乐的退休者"没有抵押贷款，（而且）如果他们有，他们的回报就在眼前"。然后他得出结论，要想在退休后获得快乐，就应该努力拥有完全属于自己的房子。莫斯将这一"见解"纳入了他所推荐的财务战略之中。他甚至将其称为"快乐退休者的5个金钱秘诀"中的第3个秘诀。在描述其基于"5个秘诀"的财务战略的这一部分时，他说："你应该尽一切可能在短短5年内还清你的抵押贷款。"同样，没有抵押贷款确实有可能与退休后是否快乐相关，但这并不意味着还清你的抵押贷款就能使你成为快乐退休者。如何处理这一重要的资产，以及与之相伴的通常非常大的一笔负债（即抵押贷款），是一个非常复杂的问题，而且无法在脱离自身财务状况的情况下回答这个问题。这一点我们将在后文中展开讨论，但现在，重要的是你要认识到，莫斯所描述的策略所基于的前提是不成立的。你需要意识到这个陷阱非常危险且具有误导性，它会让你把做出正确财务决策的结果误认为是做出正确选择的方法。

顾问们还有很多其他的用来误导你的心理学技巧。第四部分中将有很多内容讨论我们持有的情感偏见和使我们容易受到这种策略影响的认知"漏洞"。然而，现在是时候来点技术性的东西了，谈谈具体的"货币技术"，从而让你理解你所读、所听、所看的许多金融"大师"施展的"魔术"。

黑袋子里的技巧——利息、杠杆和"改进'制胜'策略"

自人类在一千多年前发明了货币利息的概念以来，人们就意识到它具有将少量的钱变成大财富的非凡能力。爱因斯坦称复利为"世界第八大奇迹"，并说过一句著名的话："知之者赚，不知者将付出代价。"从数学的层面上来说，这个概念非常简单。如果我每年能赚10%，那么投资1000美元，一年后将有1100美元，但两年后我所有的财富就不止1200美元，而是1210美元。这额外的10美元来自利息本身赚来的利息。这种投资回报虽然一开始不起眼，但随着时间的推移，它会变得非常重要。如果10年的收益率是10%，那么

10年后我所拥有的将不是2000美元（1000美元加上我在第一年赚取的100美元利息的10倍），而是约2600美元。这种额外的"利息生利息"往往看起来就像魔术，但在无良顾问手中，它可以产生毁灭性的影响。

想一想前面讨论的拉姆齐的例子。他说，每月只需拨出1995美元，就有可能在区区15年内积累100万美元，在不到30年内积累550万美元。他是如何做到的呢？他使用了复利的概念，并利用其固有的三个特性，使他的论证看起来比原来更有说服力。首先，他没有告诉你，为了攒够第一个一百万，你实际上投资了超过35万美元（15年内每个月支付1995美元）。拉姆齐故意将这一大笔钱分成非常小的定期付款。使用定期付款和复利的理论可以使得比较更具有说服力，因为我们的思维往往集中在1995美元和100万美元之间的巨大差异上，而没有考虑到在这个例子中，你必须分别支付180笔1995美元才能攒够35万美元的投资本金。

拉姆齐还用了另外两个"调节盘"使他的例子分外醒目。首先，他所用的利率在12%左右，而不是更普遍的股票投资回报率，例如7%或8%。重要之处在于，如果拉姆齐用8%而不是12%，你所支付的35万美元的投资15年后只会略多于75万美元。尽管这样的回报依旧不错，但没有拉姆齐所说的那样"神奇"。

显然，利率越高，货币积累看起来就越壮观。但许多人没有意识到的是，这种积累对利率的微小变化极为敏感。因此，每当你看到一些长期投资复利的案例时，一件非常重要的事情是仔细地检查假定的利率。这使我想到拉姆齐例子的最后一个方面——积累发生的时间周期。在投资领域，15年是一个非常长的时间，在我看来，假设你可以在这段时间内获得任何稳定的回报率（特别是在像股票这样的波动性投资方面），这是非常冒险的。就像利率一样，你最终得到的资金数额对你的投资周期非常敏感。在拉姆齐的例子中，即使回报率达到了12%，10年后（与15年相比）你只能得到44万美元，而不是他承诺的100万美元。

由大卫·巴赫（David Bach）首次提出的著名的建议——"放弃每天的星巴克拿铁咖啡，就能提前退休"——最能说明复利是如何误导人的。巴赫表示，每天少喝一杯拿铁就可以省下3美元，积累起来就是每周20美元，每年1000美元。巴赫建议（就像拉姆齐一样），你可以把每年省下的这1000美元投资到股市中，几十年后，你的退休储蓄就能多一大笔钱。他甚至在他推荐的退休策略中将其称之为"拿铁因素"。从某种意义上说，他把这个魔术发挥到了极致，把投资分成比戴夫·拉姆齐更小的部分，并让它积累更长周期。

如果复利是财务顾问唯一的把戏，那么解构和理解财务顾问的建议将是一个相对简单的任务。不幸的是，顾问还会用两种更复杂的技巧来引诱你使用金融策略，这些策略要么风险比看上去大得多，要么毫无用处。这其中最危险的是那些依靠"杠杆"理论的技巧——这是我们在本书开头介绍的一个术语。

我们已经知道负债会如何给你的财务状况增加杠杆，并使其变得脆弱。现在是时候深入了解一下财务顾问是如何利用它来误导你的。在无良顾问的手中，杠杆的概念可以为容易受骗的消费者创造一些令人眼花缭乱的潜在财富愿景。最纯粹的杠杆指的只是以低利率借贷，然后以较高的利率投资。因此，有许多投资经纪人很乐意为你设立一个"保证金"账户，让你以相对较低的利率借钱（在我写这篇文章时，某知名投资公司正在宣传"保证金利率低至4.25%"），然后将其投资于能获得较高利率回报（例如7%或8%）的产品（例如股票共同基金）。通常情况下，经纪人对这种贷款的唯一限制是，贷款金额不能超过你的实际存款（例如，如果你已经投了5000美元，那么你至多可以再借到5000美元）。它之所以被称为杠杆，是因为为了获得这个机会，你需要投资一定数量的资金，然后通过借贷杠杆，获得比单纯投资原始资金更多的回报。

这就好比用一个机械杠杆来举起一个你用手无法举起的重量。假设你在理财公司开了一个投资账户，账户里有1000美元。如果你将这笔钱投资于股票共同基金，从长期来看，你可以期望也许每年有8%的收益率。10年后，你会有大约2150美元。然而，假设你不这样做，而是决定通过再借1000美元的"保证金"使这笔初始投资杠杆化。假设理财公司会向你收取5%的费用，而且在你关闭账户之前，既不需要偿还这笔钱，也不需要还利息。现在，你可以向该共同基金投资2000美元（你原来的1000美元加上你借的1000美元）。10年后，你的账户将有4300美元，但你只欠理财公司1600美元（1000美元的贷款加上10年的利息，以每年5%的利率为计）。假设你现在决定偿还贷款并关闭账户，那么你将带着2700美元离开，而不是之前的2150美元。通过这个"魔术"，你把一个相当普通的8%的投资回报率转变成了一个更为壮观的10.4%的年投资回报率。

有什么问题吗？当然有。首先，要使杠杆发挥作用，你必须完全确定借钱投资所获得的收益超过贷款的利息。这本身就不是一件容易的事，因为银行和其他贷款人也想赚钱。

如果他们自己能从借给你的这笔钱中获得更高的收益，他们很可能就不会把这笔钱借给你了。假设他们不这样做的原因是身份不便（例如，理财公司可能不允许将自己的公司资金投资于他们同期代理的股票），即便如此，你可能做不到每年都获得预期8%的回报率，在那些你的投资表现不尽如人意的年份里，投资账户里欠下的钱可能比你预期的要多得多。这就是我们前面讨论的脆弱性。它之所以危险，有以下两个原因：首先，因为它可能让你亏得更厉害，可能使你的全部投资化为乌有。其次，即使它没有使你口袋空空，它也会扰乱你的投资策略。例如，在亏损严重的情况下，理财公司会给你发"追加保证金通知"，即理财公司坚持要求你出售股票以偿还贷款。然而这种情况很可能发生于一个完全亏损的错误时间，也就是股市在下跌之后，恢复之前。

这个基本把戏变幻多端。你很难从众多投资策略中看出杠杆，其操作和风险也会变得非常复杂，难以弄清。在我做精算师的这么多年里，我曾为那些签订了"抵押转让分红保险项目"（collateral assignment split dollar insurance programs）的公司提供咨询。在这些项目中，杠杆是"大幅提高"正常人寿保险单投资回报率的关键，这些保单为高管退休福利提供资金。其中涉及的交易极为复杂，风险极为隐蔽，因此，当这些项目"彻底崩溃"时，连美国一些最老练的金融高管都感到惊讶，也给高管们和公司带来了意料之外的损失。我认为任何人都可能被杠杆所愚弄，你在面对一个你不太了解的投资策略可以产生远超过市场行情的回报时，你需要格外警惕。

不是说杠杆总是坏事。恰恰相反，它确实有可能对财务情况大有裨益。在大多数人的金融生活中的一个领域里，杠杆的存在往往是合理的。但财务规划师所提出的一些最令人震惊和最具误导性的策略也汇集于此。最严重的是房地产领域。

在本书的导言中，我描述了我如何利用杠杆开始积累房地产。如今，这些房地产对我的财务安全做出了实质性的贡献。我不是唯一一个使用杠杆的人，还有许多人也在通过这种方式致富。在2008—2009年房地产市场崩溃前后，无数的书籍、研讨会和电视节目等都在宣传这样的观点：要想成为富人，你只需要借钱投资房地产（商用房或住宅）。现在，几乎每个人都听说过那些快速致富计划，也就是"不付首付就买房"（本质上是无限期的杠杆化），然后倒卖房子，从而无中生财。这条诱人但危险的小路，虽然看似通向高峰，但其根基暗藏杀机。如果我不去强调这一点的话，那就是我的失职。

然而，"改进策略"是一个完全不同的问题。在我看来，这是金融顾问用来误导消费者投资策略的最被滥用但又鲜为人知的伎俩之一。它是通过观察过去成功的投资，并天真地假设采取同样的策略在未来也会取得成功。许多失败的预测来自经济学家和其他人开发的模型，这些模型重现了过去，但对未来毫无意义。同样，通过梳理历史数据，找到一个在过去会产生惊人回报（有时非常复杂）的投资策略是非常容易的，但这与制定一个在未来会产生良好回报的策略是不一样的。

戴夫·拉姆齐早些时候描述了最简单和最常见的改进策略，他提出了这样一个命题：任何"有心传递经验教训的体面经纪人"都能为你找到"有长期跟踪记录、平均收益率超过12%的基金"，因此，通过投资这些基金，你可以假设你在未来会获得12%的收益率。这种说法暴露了改进策略的两个基本问题。首先，也是最重要的，过去的情况完全不能保证未来会发生什么。除此之外，当你看具体的投资经理或基金的跟踪记录时，还有很大的"幸存者偏差"在起作用。在第11章中，我们将再次讨论"幸存者偏差"，但现在只需注意，即使你关注的所有股票基金都有一个不错的历史回报，你仍然是过于乐观了，因为你没有考虑那些投资回报率低到无法生存到现在的基金。

我记得很多年前，当我参加一个关于"幸存者偏差"的大型讲座时，我看到了存在偏见的一个最清晰的示范。当时我们有几百名听众，讲师要求我们所有人都站起来，从口袋里拿出一枚硬币，然后掷出。得到正面的人被要求保持站立，而得到反面的人被要求坐下来。然后他又重复了几次这个过程。七次翻转之后，有一个人仍然站着，他连续得到了七个正面。讲师接着问他："你有什么秘密吗？"

我希望上面的例子可以让你相信，顾问们告诉你的那些因其出色业绩记录而显得特别的基金，并没有什么神奇之处。如前所述，支撑策略可以变得更加复杂，而不仅仅是找到一个幸运地"跑赢"其竞争对手的经理。这些策略本身可能是非常复杂的，而且往往以一种旨在让你感觉到策略背后有大量科学知识支撑的方式呈现。事实上，某些对冲基金使用的许多"算法"就是以这种方式开发的。这些机构往往在这些基金上投资数百万美元，希望在未来获得与过去历史最好时期同样的回报。

还有无数个其他顾问用来愚弄你的交易技巧，但这里描述的是基本的，你需要有信心和怀疑精神，尽管被个人金融顾问行业目前表演的魔术表演所吸引，但不被愚弄。到目前为止，根据设计，我把重点放在更受欢迎和大众市场的个人财务顾问上，因为我认为，在大多数情况下，你应该避免听从他们的意见。

这并不意味着我认为你可以自己做所有事情。事实上，几乎每个人都会在某些时候需要帮助。弄清楚何时寻求帮助，以及去哪里寻找你需要的东西，是我们接下来要讨论的主题。

第6章

隐藏的目的和寻找值得信赖的追踪向导

用你的钱来寻找好帮手

2008年，公司将我调到巴黎办事处工作，为期一年。在我离开之前，我必须弄清楚如何对我的财务进行重组，以便于在我暂住那里的同时，保持美国生活的其他部分（如房子和投资等）正常运作、完好无损。这是一个复杂的问题，因为我需要在两国之间来回转账，从而在确保有欧元在法国消费的同时，也能管理好我在美国的投资，并继续向美国公司支付源源不断的账单（例如，保险、房屋的水电费等）。

我很快意识到需要找一家全球银行来满足需求。在调查了几家银行后，我认为汇丰银行最适合我的个人情况。关键是因为汇丰银行有一个巴黎分行，离我的新办公室只有几个街区，而且他们有一个很好用的网上银行门户网站，可以让我在美国和法国的支票账户之间自由转账。我还发现，当我在海外时，汇丰银行可以处理我在美国的其他银行业务需求，而且如果我把我的退休账户转移到那里（我有一个来自前雇主的约50万美元的个人退休账户），我就可以成为高级用户，并享有该行普通客户享受不到的许多好处。

这可以说是意料之外的红利。另一件让我惊喜的事情是，我在汇丰银行为我提供的几个备选方案中选择的投资顾问泰森既不会试图向我推销任何产品，也不会从他代表我进行的交易中向我收取任何手续费。事实上，泰森每月只有基本工资和奖金（奖金部分取决于我的满意度，部分取决于他的客户在银行的资产规模）。这意味着，他的激励措施，虽然可能与我的投资目标不完全一致，但至少不会直接冲突。

利好远不止于此。除了能够动用泰森的专业知识，作为首要客户，我还能接触到许多其他协助我的金融专业人士。有一位银行家帮助我规划需要支付的账单，有几位保险专家帮忙搜寻我的汽车和其他财产可能需要的保险。最重要的是，他们把我介绍给娜塔莎·伯顿（Natasha Burton）。她是一个贷款专员，可以帮助我进行任何我可能需要的抵押贷款或房地产融资。

和其他服务提供者一样，娜塔莎的工资只有基本工资和奖金，因此能够提供给我公正且独立的建议，不受她可能从我的抵押贷款中获得的佣金影响。因此，她完全不同于我在1980年买下第一栋联排别墅后，在购买和再融资过程中接触到的任何一位抵押贷款经纪人。

娜塔莎不仅有敏锐的头脑，而且她对抵押贷款业务以及汇丰银行提供的各种贷款了如指掌。她也很快明白，作为一名精算师的我并不是她的普通客户。她更像是一个合作者，而不是一个提供服务的人。我们一起详细分析了银行提供的固定、可变、长期和短期抵押贷款，最终选择了利率、期限和功能综合价值最高的一种。因为我是高级客户，汇丰银行愿意给我提供比其他客户更低利率的抵押贷款。汇丰银行还向高级客户提供市场上一般无法提供的特殊贷款（例如，在五年内只需我支付保证利率的抵押贷款）。娜塔莎的报酬不受我选择哪种贷款的影响，这意味着我可以相信她完全是为我工作，而不像许多贷款经纪人那样有其他不可告人的目的。

在我认识她的十年里，娜塔莎已经为我在加州伯克利的房子再融资了两次，并帮助我在后来购买的其他房地产上获得了三次抵押贷款。如果我没有把钱放在汇丰银行的话，每贷一次款就要多花数千美元。娜塔莎已经成为我维护财务健康的专家团队中不可或缺的一员，我也成为汇丰银行的忠实客户。

为什么汇丰银行会聘用像娜塔莎这样的人，这源于许多（但不是所有）大银行采用的商业模式。这些机构往往采用的是关系模式，而不是交易模式。具体来说，汇丰银行和其他全球多家金融机构发现，通过专注于服务他们最大的客户，并为这些客户提供他们最好的人才，银行将能够吸引并留存更多的资产。因此，他们将为这些客户提供其他有利可图的服务，而不必使用主要靠佣金赚钱的销售人员，这些销售人员不仅不把客户的最佳利益放在心上，而且还容易跳槽，造成服务中断，也导致客户流失。这两点都侵犯了银行的底线。

我一发现成为高级客户的好处，就开始对这个身份加以利用，从而找到其他专业人士。在我穿过金融荒野时，他们会百分之百地站在我这边。事实证明，你不必在某家银行存太多的钱就有资格成为高级客户。有些银行甚至存款不到10万美元就可以。这可能看起来是很大一笔钱，但多数人至少有一个401（k）计划或个人退休账户里有这么多钱。通过将存款分散到采用关系模式的不同银行，你可以接触到每个机构稳定的高素质专业人员，虽然他们不一定像娜塔莎那样能干，但至少他们的薪酬激励结构能让你相信他们是在为你着想。我最终将退休账户里的钱分散开来，成为其他三家银行的高级客户。现在我不仅可以在面临特殊需求时接触到各种金融专家，而且当下一次金融危机发生，银行存取款变得紧张时，如果有任何一家银行倒闭，将存款存在多家机构中可以为我的财务状况提供保护。

这种技巧对我很有帮助，虽然娜塔莎后来离开汇丰银行从事其他事业，但泰森（现在在美国合众银行）将继续为我的投资提供建议。我与四家银行的关系使我能够持续获得所需要的一切帮助。

不幸的是，仅仅把你的钱存入一家大银行并依靠里面的专家不足以维持财务健康。你还需要弄清楚你需要什么样的帮助以及什么时候需要。为此，你需要自我教育，并找到你可以相信的信息。正如我们前面所看到的那样，即使不是绝大多数，但许多声称教育你的出版物都是由财务专家写的，但这些人不会把你的最大利益放在心上。好消息是，有一些优秀的人确实发表了一些深刻见解和分析。你可以找出这些见解和分析，从而帮助你了解现在面临或将来可能面临的金融挑战的关键。

它们不容易找到，但它们就在那里，值得去寻找。

寻找并追随寻求真理的人

我第一次见到巴里·萨克斯（Barry Sacks）是在20多年前。我的一个客户聘请他来解决自己与核心部门谈判时出现的一个极其复杂的税收和法律问题。他晚到了几分钟，却显然很兴奋，不过不是因为税收问题。简单问候了几句之后，他告诉我们他在来开会的路上想到了一个绝妙的点子。他从鼓鼓的钱包里拿出一张信用卡，让我们想一想卡上除芯片处，目前被银行标志和背景图片占据浪费的空间（他称之为"真正的资产"）。具体来说，他所提出的问题是，为什么这些空间不能都用来存储钱包里其他卡片的信息？就像当时在电子行业流行的万能遥控器一样。巴里提出，如果他的建议可以成真的话，那么我们都将拥有一张万能卡，无论是在百货商店购物，还是从当地图书馆借书，目前进行的所有电子交易都可以用这一张卡搞定。当巴里滔滔不绝地讲述这一发明的便利性和经济效益，以及随之而来的一些容易克服的技术难题时，客户和我坐在那里，对会议内容的意外转变既着迷又有点吃惊。

随着我对巴里的进一步了解，我发现这对于这位好奇心强、富有创造力的多面手来说绝不是一件不寻常的事。巴里拥有麻省理工学院的物理学博士学位，他的职业生涯始于学术领域，并且在成为终身教授的道路上越走越远。他认为税法要比电磁学和给学生讲课有趣得多，于是决定回到了法学院，并很快成为湾区最优秀的雇员退休保障法案律师之一。我遇到巴里的时候，他已经是旧金山一家精品律师事务所的合伙人，专攻养老金领域常常出现的复杂且不寻常的法律问题。其中的许多业务问题都涉及精算方面，因此，巴里和我多年来在一些极为有趣的客户项目上进行了合作。

巴里对日常工作的要求很高，但他是一个勇于创新的思想家，不断提出新点子和解决老问题的新方法。巴里在物理学和金融工程等领域拥有多项专利。他目前热衷于反向抵押贷款，以及如何以创造性的方式利用这种晦涩难懂、饱受诟病、鲜为人知的金融工具。这样做不仅可以增加居民退休收入，而且可以组成退休后的"负积累"战略。巴里2012年在《财务规划杂志》（*Journal of Financial Planning*）上发表了一篇富有开拓性的文章《颠覆传统智慧：用房屋净值补充退休收入》，向世界其他国家及地区展示了如何做到这一点。这篇文章几乎立即恢复了反向抵押贷款在历史上所承受的臭名声。

反向抵押贷款信用额度（A Reverse Mortgage Credit

Line）的实质是以你的房屋价值为抵押的贷款。它的操作与传统的房屋净值信贷额度（home equity line of credit，HELOC）基本一样，但有三个关键的区别。第一个区别是，与房屋净值信贷额度不同的是，当你设立反向抵押贷款信用额度时，你可以提取的金额不是固定的；相反，这个额度每年都在增长，而且不是因为房屋增值，而是按照规定的年利率增长。因此，举例来说，如果你在65岁时设立了20万美元的反向抵押贷款信用额度，然后直到75岁才使用，那么当你提现的时候，可用的金额可能达到了30万美元甚至更多。如果你发现自己的其他退休收入枯竭的话，那么这种贷款就显得更具有价值，可以保证你在退休后获得资金。然而，接下来要提到的房屋净值信贷额度和反向抵押贷款信用额度之间的两个区别更为重要。第二个区别是，在出售或搬出房子之前，你不必支付反向抵押贷款的任何利息或本金。第三个区别是，与传统的抵押贷款不同，当你进行反向抵押贷款时，无论你在房子上积累了多少债务，你需要偿还的金额永远不会超过房子的实际价值。

最后两个不同之处将反向抵押贷款信贷额度从应急资金的来源变成了强大的退休收入生成工具。这一工具作为复杂且高效的减仓战略的一部分，不仅可以使你不再担心资产不够用的情况，还可以让你每年轻松拿到6%、7%，甚至8%的利息，并且让你相信，你的钱到死都花不完。

巴里的工作如此重要的原因在于，一方面强调了数以百万计的未来退休人员如何有效利用他们最大的资产（他们的房子）来维持退休收入，另一方面它还说明了保护自己免受"收益序列风险"的危害。这是一个微妙而重要的危险，但不少学识渊博的财务规划师都没有与他们的客户谈论过。回报序列风险指的是，即使你退休期间的平均投资回报率很好，如果在退休初期出现投资回报为负的情况，并且你在那几年将退休储蓄提现，那么在退休后期账户被耗尽的可能性要比在那几年没有立即提现的可能性大很多。收益序列风险直接来源于几乎所有投资市场固有的波动性。许多人都依靠退休收入度过余生，而巴里的协调策略将这种风险的潜在影响降到最低，避免它影响到退休收入的稳定性和长期安全性。

在本书的最后一部分，我们将更多地讨论你可能想在财务荒野生存工具包中保留的那些工具，比如反向抵押贷款和其他未被充分利用的工具。但现在，我想指出的是，如果你想长期保持财务健康，就应当遵循巴里和其他诚实且独立的研究人员的研究成果。市场上除了有像巴里这样认真研究反向抵押贷款的人，还有一些从事财务健康研究的独立机构。这并不是说没有其他重要研究在有特定经济议程的组织中（如主要的雇员福利咨询公司、投资公司和会计师事务所）进行，而是这些研究是由那些可能从特定结果中获利的人资助的，因此必须非常仔细地审查这些研究的结论和建议。

没有人可以了解所有研究的最新进展，更不用说梳理那些可能偏向某些研究结果的不可告人的目的了。所以问题出现了：你应该去哪里寻求帮助？你如何知道你可以信任所得到的信息？这个问题没有简单的回答，但你可以采取一些措施。

在深蓝的海洋中潜水寻找珍珠

在读完巴里的研究后不久，我开始与他合作撰写后续论文，其中包含了我自己在退休收入规划方面的一些想法。论文发表后，有人邀请我加入房屋净值财务规划学院（Academy of Home Equity in Financial Planning），这是一个由伊利诺伊大学金融规划系的独立研究人员和金融规划师组成的团体，其使命是强调可将房屋净值当作一般金融规划的重要组成部分。与上面提到的其他组织一样，该学院除了追求这一领域的知识，没有其他目的。它和其他提到的组织不同的地方在于，学院里有一些备受尊敬的独立理财规划师，他们自己不参与研究，而是专注于如何将团体研究成果有效地整合到规划师向客户提供的财务建议中。其中最令人印象深刻的一位规划师是蓝海全球财富（Blue Ocean Global Wealth）的创始人兼首席执行官玛格丽特·程（Marguerita Cheng）。

玛格丽特为人谦虚，处事温和，她不会像一个典型的金融顾问那样表现自己。玛格丽特与许多其他较晚进入这个行业的人不同，她似乎从小就注定会成为一名财务规划师。玛格丽特有两个妹妹，她们的父亲刚到美国生活时口袋里只有17美元，玛格丽特从小就早熟且务实。三年级的时候，其他孩子在看漫画书和童话故事，玛格丽特则学会了如何使用科学和金融计算器并将一种货币兑换成另一种货币。在玛格丽特还是个孩子的时候，她的父亲就把她引入了货币世界。他父亲是移民过来的，没有钱，但有一个经济学的大学学位，希望能够在一个新的国家拥有更好的生活。在补上了一个数学研究生学位之后，玛格丽特的父亲在IBM找到了一份工作，他在那里工作了很长一段时间并且取得了成功。玛格丽特从10岁开始和她的父亲就货币的问题进行了长谈——它能做什么、不能做什么，如何获得它，如何管理它，以及最重要的是，它是如何运作的。

很早以前，玛格丽特就内化了父亲关于金钱的重要见解，这些见解一直影响着她如今为客户提供咨询的方式。她最喜欢的两句话是："不要在黑暗中花钱"和"金钱可以买到机会和心灵的平静，但永远不要用你的净资产来衡量你的自我价值。"她还通过观察家里其他人所犯的错误，积累了财务规划方面的重要经验。例如，玛格丽特父亲的嫂子去世时没有钱或人寿保险支付葬礼费用，最后只能是由玛格丽特父亲买单。

从马里兰大学毕业后，玛格丽特在日本的一家投资公司里工作了四年。后来她离开了经纪业务这一行，回到了美国。在接下来的几年里，她拿到了金融学学士学位，从事兼职工作还组建了家庭，并阅读了所有她能找到的关于财务规划的书籍。然后，在32岁的时候，玛格丽特终于准备好重回她所选择的职业，成为美国运通公司的一名财务规划师。尽管她的老板对她有不言而喻的期望，但玛格丽特拒绝拜访她的朋友和家人，而是通过给陌生人打电话来建立客户群，尽管这一过程十分艰难。但她的正直、坚持以及对行业的深刻理解，使得玛格丽特在接下来的14年里发展出一大批重视她的建议的客户，并成为行业头部国家级公司里一位极为成功的顾问。她的哲学方法始终是"规划第一，投资组合第二"，她努力地全面帮助客户——激励他们并赋予他们权力，而不是简单地帮助他们处理金融交易。

尽管她很成功，她的客户也很高兴，但玛格丽特感到不安的地方在于，她的报酬取决于她的客户所做的财务决策（例如，是否购买股票或债券），而不是建议的质量或她给客户带来的价值。2013年，她决定成立蓝海全球财富公司，这是一家以诚信、真实和卓越为核心价值的公司。在蓝海全球财富公司，玛格丽特和她的同事们提供所有传统规划师提供的财务规划和咨询服务，但他们通过使用完全透明的收费结构，使客户知道顾问是百分之百站在他们一边的——这正是整体财务健康原则三所建议的。

问题是，像蓝海这样的公司很难找到，即使你找到一个似乎与玛格丽特有相同定位和商业模式的顾问，你仍然需要弄清楚你是否可以相信他们，以及他们是否真的精通你需要帮助的领域。恰恰是后一点使玛格丽特和我从一开始就走到了一起。

在她的众多职责中，玛格丽特深度参与了行业专业组织——财务规划协会（FPA）。她曾在国家和地方层面的财务规划协会董事会任职。通过她在董事会里对全行业问题的研究以及她自己对金融文献如饥似渴的阅读，玛格丽特很早就对反向抵押贷款表现出了兴趣。特别是，它们如何在个人的退休收入规划中发挥作用。

就像当时几乎所有其他金融规划师一样，玛格丽特对该产品知之甚少，但与大多数规划师不同的地方在于，她想要知道更多。于是她主动结识了雪莉·佐丹奴（Shelley Giordano）和韦德·普福（Wade Pfau）。他们和巴里一样，都是这个领域里真正的先驱者。玛格丽特与专家们交谈，阅读研究报告，并尽可能地了解反向抵押贷款。大多数顾问不愿意处理反向抵押贷款的原因是，他们无法通过"销售"这种贷款并赚取佣金。从他们的角度来看，他们这样做不仅是在为客户提供免费的建议，而且事实上此举可能会减少他们的收入，因为任何可能使用反向抵押贷款的客户都不会购买年金，而年金可以给顾问带来佣金。玛格丽特不必担心这方面的问题，因为她向客户收取的是每小时的规划咨询费，而她对反向抵押贷款的介绍可以使她的时间更有价值。

虽然不是反向抵押贷款方面的专家，但玛格丽特所了解的信息足以向客户明确说明是否应该考虑申请这笔贷款。当她发现客户可能从反向抵押贷款中受益时，她会引导他们去找一个专家（例如，巴里），这位专家可以帮助客户（同样是在收费的基础上）找到并落实反向抵押贷款的申请。在其他领域也是如此。

以学生贷款为例。我们在第一节中讨论了债务相关的决定对长期财务健康的重要性。除房屋抵押贷款外，对于美国人来说，学生贷款是最重要的负债类型，迄今仍有近1.5万亿美元的未偿债务。这一数额远高于苏兹·欧曼经常提到的信用卡债务。信用卡可用于购买几乎所有的商品和服务，而学生贷款的目的只有一个——购买教育。接受什么样的教育以及你从中获得多少价值是一个高度个性化的问题。它对你的长期财务健康的影响也是异常复杂、难以确定的，因为你必须用一些难以量化的因素来衡量教育的价值。这些因素包括放弃工资收入（当你上学而不是工作时）、你为获得学生贷款可能需要支付的前期费用以及学生贷款本身的长期成本。这些只是可量化的因素，没有考虑投资教育这一决策带来的主观影响（正面和负面）。

我问玛格丽特，当她的客户咨询应该为大学（为他们自己或他们的孩子）储蓄多少钱，或者他们应该承担多少学生贷款时，她怎么回答。玛格丽特说她告诉他们的第一件事是，他们问错了问题。他们应该问："我如何支付我（或我的孩子）的教育费用？"这自然会引发其他问题，如"你要投资教育到什么程度（例如，大学或大学加研究生）？"和"你接受教育的目的是什么？"最终，玛格丽特会帮助客户精准确定他们想得到什么，为什么要得到它，以及它将花费多少钱。

从这一点出发，玛格丽特帮助客户将为他们想要的某种教育买单视为一个需要解决的财务问题。其中一个解决方案是学生贷款，而另一个则是结构化的储蓄与投资计划。一旦客户理解了这一点，丽塔就可以把客户介绍给一位专家，让他结合客户的个人情况匹配到合适的学生贷款或与客户本人进一步合作，制订一个储蓄或投资计划，其中可能包括也可能不包括美国各个州政府提供的教育储蓄账户，也就是529账户（美国的教育基金计划，对此玛格丽特是一位专家）。在某些情况下，客户可能有足够强大的能力（或从玛格丽特那里学到足够多的东西）自己制订计划，这对她来说是完全没有问题的。

我认为金钱世界是一片很容易迷失的金融荒野，但玛格丽特使用了一个不同的比喻。她认为自己是一位"金融救生员"——她的工作是让你知道潮水会把你带往海洋的哪个地方，海滩的哪一部分会因为有鲨鱼出没而变得危险。如果你离岸边太远，她也会帮你回到陆地。

太糟糕了，像她这样的财务规划师太少了。

正如我们在本书的第一部分看到的那样，货币世界极为复杂。这种复杂性部分是因为，没有人精通你需要做出重要决策的所有领域。偶尔你会找到像玛格丽特这样的人，她对于你所面临的几乎每一类型的财务问题都有一定的了解，但即使是玛格丽特也不是所有可能出现的问题的专家。可你又往往需要一个专家帮你解决问题，那么你该怎么办呢？

我希望这个问题可以有一个简单的回答。一个有可能的回答是谨慎行事。例如，如果你发现自己身处一个陌生的荒野，并且不了解地形、天气或潜在的自然（和非自然）危险，你采取的第一个措施可能是寻找一个安全的平坦区域，最好靠近水，然后暂时不要动。同样的道理，你也可以把你的财务生活安排得简单明了。这样你就可以自己管理大部分资金，只有在资金或者你自己发生意外情况时才寻求帮助。

不幸的是，确实有可能发生意外。即使我们试图保持简单生活，特别是财务生活，往往事情也会变得复杂。我的生活就是这样。你也有可能会发现，为了得到想要的东西，你将不得不抓住机会或卷入新型财务纠纷（如学生债务或退休计划较为复杂的工作）。从本质上讲，你在生活中想做的事情将要求你离开你在湖边找到的那个安全平静的地方，冒险进入森林或爬上山脊，俯瞰你想要到达的山谷。这时你就会需要帮助。

我认为这个过程分三步。首先是摸清自己的问题。我相信每个人都可以完成这一点。事实上，我认为任何人都不可能替你做这件事。只有你自己知道你想实现什么，什么在阻碍你，以及你害怕什么。也许你需要自我教育，为你的目标增加一些具体的内容或有条理地提出问题，也许你需要像这本书或者一位生活教练这样的资源来深入了解自己的情况。这从根本上说是一个在内心完成的步骤，与财务规划没有太大关系。

然而，一旦你知道自己害怕什么，渴望什么，或者需要做些什么，那么你就需要和了解货币世界的人谈谈。也许你可以从存款的地方获得一些免费的信息和教育。正如我们在前面所讨论的，只要有足够的存款，对于你考虑是否要进行的交易，银行将非常乐意为你提供相关信息。注意，如果你真的向银行询问，除非你是关系模式银行的首要客户，否则你需要关注我们在上一章谈到的所有注意事项和提防有些经纪人不可告人的目的。

如果你愿意付钱，你也可以聘请像玛格丽特这样的人，请她花几个小时帮助你弄清楚你需要遵循的路径和应该考虑的金融交易。一个好的规划师能够找到你可以信任的专家，他们可以将你的决策贯彻落实下去，实施你决策的行动，以及考虑与你想遵循的路线有关的成本、效益和风险。你也可能会聘请两位规划师，就你的个人情况获得两个或更多人的意见。毕竟，每一位财务规划师都会有自己的视角，以及他们或多或少相对熟悉的金融领域。他们也会有特定的偏见和偏好。如果他们诚实善良（如果你付钱给他们），他们应该会很愿意告诉你他们专业知识的局限性和对金融事务的主观意见。

最后，只有你完成了需要思考的工作，并结合了知识渊博的顾问对你的情况所做的所有评估，你才可以实施你的计划。从概念上来说，投资、举债、购买保险，甚至转行，就像购买任何一种消费品一样。你要确保得到的东西确实是自己想要的。你不必操之过急，可以通过比较购物的方式确保优质产品的到手价格尽可能低。

管理财务健康在许多方面与管理身体健康相似。在财务上保持活力和健康和在身体上保持活力和健康一样，都需要自我授权、研究和尽职调查。无论是找普通医生还是找专家进行咨询，都只是这个过程中的一部分。对自己的健康负责同样极为重要，应当谨慎选择是否实施养生计划或医疗程序。你应该在充分了解你的选择所带来的成本、利益和潜在后果之后再做决定。金钱方面同样如此。

　　不幸的是，维持生命和健康也需要一些运气。这也是我们接下来要讨论的内容。尽管我们在制订计划和做出财务选择时保持警惕和清醒，但未来是不确定的，而且远比大多数人想象得更具有不确定性和不可预测性。在接下来的几章中，我们将探索这个被我们称为未来的陌生领域，并了解到，虽然我们永远无法知道会发生什么，但我们可以预测可能会发生什么，甚至在某种程度上，了解可以将今天变成明天的神秘引擎的工作原理。

第三部分

思考未来——这是一个不确定的世界

第7章

不确定的地理环境和"接下来会怎样"

> 消极感受力使人取得成就，具体来说就是，一个人有能力
> 应对不确定性、神秘之事与疑惑，而不急于追求事实和原因。
>
> ——约翰·济慈（John Keats）写于1817年

我们中的大多数人都无法应对不确定性。即使可以应
对，我们肯定也不喜欢它，并且竭尽全力地将它赶出我们的
生活。更糟糕的是，当我们无法消除它时，我们就会否认
它、害怕它，或者把它当作一种风险，然后试图克服它。我
们会因为不确定性而饱受折磨。对于许多人来说，与金钱和
未来财务相关的不确定性可能会使之崩溃。我在这里并不是
要提供一种方法来摆脱未来"不断扩大的怀疑漏斗"，但我
认为我可以阐明这一未知领域的性质，并帮助你勘察所在之
处和目的地之间荒无人烟、危险重重的地貌。

我估计，对不确定性本质的深层次了解可能会吓到你，但也可能使你不再误以为别人比你更了解即将发生的事情。你可能会更容易了解到前方的危险。你甚至可能拥有济慈所说的"消极感受力"，我相信这将在很大程度上帮助你在不知道未来会出现怎样不可避免的意外下生存（财务和其他方面皆是如此）。

未来是一个"接下来会怎样"的问题

当我在读二年级的时候，我的数学家父亲给了我一本数字谜题书，既是为了让我不去调皮捣乱，也是为了让我了解他所探索的世界。虽然我未能追随他到达数学抽象领域的最高境界，但我非常喜欢那本书，尤其是其中许多"接下来会怎样"的问题。我极擅长解决这样的问题，而且从现实层面来说，这正是我成年后大部分时间里所做的事情——试图弄清楚接下来会发生什么，以及之前发生的事情如何为未来发生的事情提供线索。甚至进一步来说，对不确定性本身的思考就是将其视为一个巨大的"接下来会怎样"的问题。然而，诀窍在于，在试图解决这一问题之前，你需要知道自己正在处理的问题的性质。

在那本谜题书中，每个问题都有一个可以在书后查到的标准答案，但在现实生活中却没有这么简单。随着年龄的增长，我开始意识到实际上有两种不同的不确定性。一种有基于确定性过程的明确答案，另一种则是在任意或随机的过程中产生。即使在这两种类型内部，也有许多重要的变体，每种都需要不同的工具和态度来驾驭。

为了更深入地探索这一领域，我们将讨论不同类型的"接下来会怎样"的问题。这些问题既来自理论上可知的未来，也来自随机性主导的事件。我们将看到，这些不同类型的问题在可解性方面存在着巨大差异。更加令人生畏的是，当我们需要进行预测时，我们往往无法判断自己处于荒野中的哪一部分。

在决定论的土地上旅行

想一想下面这个"接下来会怎样"的问题："10，12，14，16，18，20，_"这个例子似乎是一个完全确定的、完全可预测的过程，而我们对未来的很多"预测"（例如，明天太阳会升起）都是这样的。如果不能对这种事情做出正确的预测，我们将很难生存下去。在上面这样的案例中存在一个清晰的逻辑链。我们假设一个产生这种模式的机制，然后简单地预测出下一个数字。但是，虽然上述序列中的下一个数值回答起来几乎是显而易见的，无须讨论，但如果我们确信自己知道正确答案的话，我们往往是在自我愚弄。

既然我们谈论的是确定性过程，我们暂且假设序列中的数字不是随机的，而是碰巧看起来很有规律。即使这个序列真的具有确定性，也可能是我们对过去序列的了解太有限，以至于无法真正判断发生了什么。例如，假设该序列的完整排列是"1，2，3，4，5，6，7，8，9，10，12，14，16，18，20……"。现在你真的确定接下来是22吗？有时，一个看起来非常简单直接的决定论①过程实则难以预测。

在决定论的国度里，这仅仅是个开始。它还可以变得更糟糕。

我童年的谜题书里包含各种巧妙而棘手的问题。例如，著名的斐波那契数列，其规则是数列中的每个数字都是前两个数字的总和——"1，1，2，3，5，8，13，21……"同样，这是一个完全确定的序列。在某种程度上，它比第一个

---

① 决定论认为人的行为是可以根据先前的条件、经历来预测的。——编者注

例子更具有可预测性，因为你不需要完整地排列就能知道下一个数字是什么。

像这样的序列几乎有无限多个，有许多不同的公式来确定这些序列，其内容足以填满图书馆的谜题书。这些"接下来会怎样"的问题（以及现实生活中类似的问题）大部分都可以由聪明的头脑和更聪明的计算机来解决。有了足够多的数字序列，我们甚至可以分辨出高度复杂的模式，并准确预测未来的价值。当然，正如我们前面提到的那样，假设你足够了解序列的排列规律，那么你试图预测的未来事件实际上是一个确定性过程的结果。

我们非常善于用大脑和学习机器来寻找模式，但我想说的是，我们往往太善于寻找这些模式了。很多时候，我们以为自己看到的是确定性的秩序，而实际上自己看到的是混乱或纯粹的随机性，而这些东西需要另外一套完全不同的工具来处理。在本章末尾，我们将更深入地讨论困境的哲学含义，但现在，让我们回到"接下来会怎样"的问题，进一步讨论混沌——一块处于决定论和随机性统治区域之间的灰色区域。在这里，准确的短期预测只能得到近似值，而长期预测则根本不可能准确无误。

混沌：具有确定性，但不可预测

20世纪中期，世界各地的数学家和物理学家在计算机的帮助下，几乎同时发现了混沌的存在。这些研究人员尝试了很多途径来探寻这个从前隐藏起来的世界。我们将沿着其中一条更容易去的小路到达那里，从递归序列开始研究，这些序列可以通过以下方式产生。

（1）取一个数字并对其进行处理；（例如，将其乘以一个因子并与另一个数字相加）

（2）取其结果，并对这个结果做你对第一个数字所做的完全相同的处理（即，取你设想过程的输出，将其作为同一过程的输入）。

接下来将你所得到的东西视作我们一直在谈论的"接下来会怎样"类型的问题之一。一些序列在现实生活中有着迷人的表现形式。例如，斐波那契数列可以用来推导出黄金比例，这一比例控制着我们周围许多生物过程，包括花瓣的数量、蜗牛壳的形状，以及松果荚的排列方式。

只要有智慧和毅力，几乎所有的递归序列都可以解开。然而，在有些情况下，要想确定序列中的下一个元素，要么需要一个数量庞大到不合理的历史数据，要么需要绝对精确地确定序列中的每一个数字（即小数点的数量），而长期预测则几乎不可能做到准确无误。混沌是这其中最重要的类型之一。

但多数情况下，并非总是如此，递归过程产生的序列不仅有序，而且要么收敛于一个特定的值，要么在几个值之间振荡，要么爆破，变得越来越大。当数学家使用他们新发明的大型计算机作为工具来探索这些递归序列时，他们发现在海量的计算过程中，产生了一串无限的数字，我们看不出这些数字之间的规律。这个陌生的新世界完全不具有随机性，除非你知道过程本身的精确细节，也知道序列中最开始的数字（即初始条件），否则你只能对接下来的事情做出合适的预估。几乎不可能准确预估稍远些的未来值。我们仍在摸索这个令人震惊的发现中所蕴含的哲学意义。

混沌是一个黄昏地带，那里的物体和影子区分不开。在这个神秘之处，有一个看不见的算法以一种不可避免却又不可知的方式创造未来。就像是一条进入森林的道路，我们可以看到接下来的几步，但最终目的地却笼罩在黑暗中。从根本上说，人类只能在这里观察并等待接下来要发生的事。

事实证明，现实生活中的大量过程都是混乱的，其数量也许比我们想象的还要多。一个众所周知的例子是天气（准确预测一年后今天的天气是不可能的），但某些类型的交通堵塞，更令人不安的是许多投资品的价格，甚至可能是经济的重要指标都很可能来自一个混乱的过程。

上述最后一点之所以会令人不安，是因为混乱的过程可能产生看起来像是模式的东西。一旦发生这种情况，就会出现大量的"市场专家"来用旧有的模式，开始进行经济或市场预测。除非这些预测的时效很短，否则基本上都是以错误的预测告终，有时甚至会带来灾难。

许多经济学家和投资专家表示，市场根本就不是确定的，而是确定性和随机性的组合。一旦有了这种观念上的飞跃，这些专家接着就会说，因为我们了解随机性和概率论，所以我们可以通过使用复杂的统计工具和对支配市场和一般经济的随机变量的深入理论分析，做出更准确的长期预测（在一定范围内）。抛开将一个（部分）确定的过程当作随机的过程是否有用的问题不谈，事实证明，在随机性这片土地上"开车"远没有像最初看起来那样容易。

随机地带——一片未被驯服的荒野

我刚刚掷了一对骰子20次，得到的和的结果如下：

4, 7, 3, 10, 6, 6, 8, 5, 4, 7, 2, 7, 6, 10, 9, 6, 8, 9, 5, 7。

预测我第21次掷一对骰子会得到什么，是另一个"接下来会怎样"的问题。然而，这个问题的不同之处在于，由于"骰子没有记忆"，而且我知道数字是如何产生的（只要这对骰子没有改装），所以我可以忽略前20次的骰子结果。我知道我无法预测下一个数字是什么，但我可以对下一个数字可能是什么说些有意义的话。

例如，因为我知道这对骰子本身的设计细节，所以我确信下一个掷出数字可能是2到12中的任何数字。此外，假设掷骰子是公平的，那么基本的概率论知识告诉我们，下一个数字的期望值是7，而且下一个数字小于10的可能性大于80%。

掷一对骰子是一个"良性的"随机过程的例子。我们知道可能值分布的确切性质。这种性质就是高斯分布，因此我们可以有把握地预测事情的发生概率。从技术角度来看，这就是二项分布。虽然我不知道下一个数字是什么，但如果我再掷100万次骰子，我就能很准确地预测出有多少次会得到7（比16.5万次多一点），而且我几乎可以（但不完全）肯定，与上面的一串结果不同，我得到7的概率将会多于6。

法国数学家布莱斯·帕斯卡尔和皮埃尔·德·费马于1654年首次发现了概率法则。帕斯卡尔和费马试图解决的问题涉及当时最流行的游戏之一，具体来说就是赌一对骰子需要掷多少次才会出现12。果不其然，在帕斯卡尔证明了他的新定理后，他就发现自己开始在玩家中不受欢迎了。

在发现概率论后的三百多年里，数学家们分析了许多其他良好的概率分布。你们中的许多人在学校学习过统计学，可能还记得那些深奥的名称——泊松分布（Poisson）、学生t-分布（Student's t-distribution）、卡方检验（Chi-squared test），以及无处不在的正态分布等。所有这些分布和二项分布一样，都有一个非常有用的特点，那就是可以合理准确地预测未来结果的范围区间。经济学、医学和社会学等各个领域的各种专家都使用这些分布来进行预测和决策，进而给人们的生活带来了重大影响。

多数情况下，专家们做出预测的过程要比掷一对骰子复杂得多。在不知道他们预测过程的实际机制的情况下，你可能会想了解他们是如何知道何种分布支配着他们试图预测的变量的。简短的回答是：他们不知道，而这正是没有人谈论的肮脏的小秘密。相反，大多数专家所做的事情是研究一系列观察结果，比如说我们上面掷一对骰子20次得出的结果，然后判断哪种分布最适合用来预测数据。更糟糕的是，他们会套用一种分布模型（通常是正态分布），因为只需做一些

必要的计算就很容易进行预测。说句公道话，中心极限定理
（Central Limit Theorem）中有一个技术性的理论论证，表明
许多变量倾向于正态分布，但即便如此，我仍然认为，大多
数专家对预测未来充满信心是大错特错的。而未来是由若干
因素造成的。

首先，即使有当今最先进的数据挖掘技术，你也不清楚
是否有足够的数据来确定你试图预测的变量［例如，埃克森
（Exxon）股票的未来价格］的真正概率分布。例如，虽然二
项分布这一规律是从掷一对骰子的结果中总结出来的，虽然
我投掷的这20次骰子所得到的数据符合二项分布，但除非我
有一个很好的独立理由来支撑这个观点，否则我无法确定它
是二项分布。即使我真的做了这个假设，根据我掷出来的20
个数据，我也可能会认为期望值是6而不是7，而且数值只会
处于1到10这个范围。即使掷了3600万次这对骰子，也极不可
能正好得到600万个7（以及100万个2，200万个3，等等）。
事实上，确定一个特定的随机变量由何种分布支配只是一种
有根据的猜测。纳西姆·塔勒布和其他人在这一点上已经讨
论得很清楚了，即通过抽样来精准确定概率分布比通常情况
下需要进行的观察数量更多。除此之外，即使我猜对了，我
怎么才能保证这种分布不会随时间而改变，所有的历史数据

不会对预测未来毫无用处呢？

这种方法还存在更深层次的问题。众所周知，专家对他们试图预测的东西的随机性所做的几乎所有猜测都是，它将像支配我掷一对骰子的随机性一样表现良好。这意味着他们假设会有一个特定的预期值（例如，掷两个骰子的预期值是7）和一个特定的方差（例如，值可能与预期值不同的量）。这对专家来说可能很方便，对那些依赖预测的人来说也很欣慰，但随机性的景象是疯狂的，有许多分布，即使我们能够确定一个预期值，我们可能出错的潜在范围也几乎是无限的。甚至有些分布的预期值和其潜在的变异范围都比你从历史数据中猜测的要大得多。尽管这个概念听起来很奇怪，但越来越多的证据表明，一些最重要的变量，特别是经济变量，是由这些不规则的分布控制的。

肥尾分布与黑天鹅

我们大多数人都熟悉80/20法则，也被称为帕累托原理，这个法则以意大利经济学家维尔弗雷多·帕累托（Vilfredo Pareto）的姓氏命名。他在1906年观察到意大利80%的土地被20%的人口拥有，然后总结得出这一原理。从犯罪统计（全国超过80%的谋杀案发生在20%的县）到商业买卖（许多公司80%的收入来自20%的客户），这一原理适用于日常生活的方方面面。

80/20法则通常情况下只是一个有意思的现象，以及鸡尾酒会上的一个好话题，但当它控制了一个随机变量时，所展现出来的就是肥尾分布（fat-tailed distribution）。

纳西姆·塔勒布（Nassim Taleb）写了大量关于肥尾分布的文章，特别是，他相当有说服力地指出，投资世界（包括股市）的大部分都是由肥尾分布支配的，而不是由大多数财务规划师希望你相信的正态分布支配的。在下一章中，我们将更详细地研究塔勒布的数学，并讨论如何利用他关于肥尾的见解来制定一个你的金融策略。

更普遍的问题是，当我们遇到肥尾分布可能产生的"接下来会怎样"的问题时，我们该怎么做？第一个也是最重要的警告是不要忽视序列中的那个离群点。有一个很大的误区，就是把我们碰巧选中的那个亿万富翁视为一个反常现象或过程中的一个噪声，可以安全地忽略。然而，当我们考虑未来时，我们需要注意的恰恰是低概率且高影响事件的可能性。塔勒布将这些事件称为"黑天鹅"，因为就像在欧洲观察到数百万只白天鹅后在澳大利亚发现黑天鹅一样，黑天鹅事件是指那些从未发生过的、被认为是不可能的事件。关键的一点是，"没有证据并不是不存在的证据"。

当你怀疑你需要预测的未来受肥尾分布支配时，你要得出的第二个，也是几乎同样重要的结论是，不要过多地依赖过去的历史来为未来做决策。更多地关注基本过程可能是什么，而不是假设它是什么。但一旦涉及拿你的钱做投资，这是一个非常难以遵循的建议，需要比大多数人准备参与的选择性要复杂得多而且对选择性的利用要更充分。大萧条和2008—2009年的全球金融危机都表明，黑天鹅确实会发生，而那些不考虑其可能性的人可能会在财务上被毁掉。

冒险来了

我希望这就是故事的结局。不幸的是，在随机地带的灰色区域，我们知道的东西甚至比我们在肥尾分布下知道的东西还要少。在这种分布下，过去只能提供对未来的有限洞察力。特别是，确定分布的形状（即尾巴有多"肥"）有时需要我们知道几乎所有可能的结果。即便如此，在那里我们至少可以对未来可能出现的情况做出一些陈述。一个典型的肥尾分布确实有一个期望值，可以阐明基于这种分布的"接下来会怎样"的问题。

然而，数学家发现，还有一些概率分布，其期望值和该值可能偏离的方差都是无法确定的。它们被称为"$\alpha=1$ 的帕累托 I 型"分布，如果你面对的是这种分布，你对未来的预测绝对没有任何意义可言。由于上述原因，我们不知道现实世界中是否有任何东西受这种分布的支配，它们的理论给我们生活的不确定性增加了最后一个维度。

对我来说，一个非常鼓舞人心的地方在于，尽管我们已经很聪明了，尽管我们已经探寻出不确定的世界，但始终存在一些我们永远都不会知道的部分。古人意识到了这一点，并认为怪物生活在尚未被探索的世界的未知地带。他们深知，只有在装备精良、武器齐全的情况下才能冒险进入这些地带，但他们也知道，最终能让他们活下来的是运气、勇气和迅速适应一切环境的能力。

在今天的世界里，我们的地图可能更精确，武器可能更先进，但当你在一片不确定的土地上旅行时，重要的是要有正确的心态——无畏、好奇和灵活。在一个不断变化的世界里，这种心态是人类所处状态的一个方面，几千年来都没有改变过。

第8章

肥尾分布、黑天鹅和杠铃策略

正如我在序中所说，我倾向于规避风险，尤其是在工作中。从1979年大学毕业到1998年中，我一直在为那些有着长期稳定盈利的大公司工作。只有当手上有另一家公司明确提供的工作机会时才会选择跳槽。我从未与前雇主断交，我总是提前充分告知，并严格遵守自愿签署的非竞争和非披露协议。我努力成为一名模范员工，并得到了不错的工资、丰厚的奖金和完善的工作保障。我从不拿自己的薪水冒险。

但在1998年，我开始冒险创业，同意成为詹姆斯·肯尼（James Kenney）的科茨·肯尼公司（Coates Kenney）的合伙人，这是一家位于加州伯克利的小型精品精算公司。几年前，肯尼从创始人巴雷特·科茨（Barrett Coates）手中接管了公司。肯尼是一名出色的精算师，但他不喜欢穿西装，也不喜欢参加客户会议。他更喜欢坐在办公室里，穿着牛仔裤和扎染T恤衫在电脑前工作，听着音响里播放着基斯·杰瑞特（Keith Jarret）或Grateful Dead的歌曲。公司的收益情况良好，但大部分收入都来自两个大型企业客户，所有的大咨询公司都在不断试图挖走这两个客户。简而言之，肯尼需要帮助，并向我提供了工作机会，让我加入他的企业，而这个企业的未来显然将由我们刚刚讨论过的那些肥尾分布中的一种支配。

我接受了这个提议，因为我做了一个彻底而有力的分析。事实上，我仔细观察了一下局面，发现如果我们能守住这两个主要客户，我将比以前赚得更多。但如果我们守不住，我很快就会失去工作。另外，我非常欣赏肯尼，似乎不管发生什么事，只要能和他一起工作就会很有意思。

事实上，从专业和财务角度来看，我的决定的进展远比预期的要好。这是一个很好的例子，说明了暴露在肥尾分布下的潜在好处。当然，事情也可能会有不同的结果——我可能会失业，而我在事业上所冒的风险可能会导致财务灾难。如果再来一次，我可能还是会抓住这个机会，但我会把我的选择看作一个"选项"，并把它纳入适用性更广泛的"杠铃策略"之中，我们将在下面讨论这个问题。

在探讨选择性和杠铃策略的概念之前，我们首先要谈一谈纳西姆·塔勒布讨论的另外两个关键概念。第一个是路径依赖，这是一个人人都懂的概念，但鲜少有人考虑。从根本上说，它意味着你在想象未来的不同方面（例如，你的房子在10年后的价值）时，需要考虑通往这一未来的路径。举例来说，假设你决定投资15万美元购买价值50万美元的房子。你办理了为期30年的35万美元的抵押贷款，每月需要支付3000美元的贷款和房产税（扣除税收后，约等于你可能需要支付的月租金）。因此，你的净资产是15万美元。如果一切按计划进行，房子每年稳定地升值4%，那么10年后你的房子价值约为74万美元，而贷款余额略低于30万美元。这将使你的净资产增加到44万美元，相较于最初的15万美元本金来说，这是一笔很可观的回报。

然而，这种假设存在两个问题。首先，如果房价没有以每年4%的速度稳步上升，而是呈现价格波动，有些"波澜起伏"呢？比如说，房价在第一年下跌25%，然后起起落落，在接下来的9年里，年均回报率为7.2%（总体上仍然是年均4%的增长率）。在这种情况下，房子只值不到70万美元，而不是74万美元（也许更少，取决于这9年中这些回报的波动程度）。但是，即使假设在这9年里有7.2%的稳定回报，投资的10年年化回报率也从11.4%变成了10.3%。精算师称这种现象为"收益风险序列"。在这个案例中，它只是使一个顶级投资变得稍有瑕疵，但在其他情况下，这种现象将决定投资策略的成败。

需要强调的是，路径依赖还有一个更重要的方面。具体来说，在上面的例子中，我们假设第一年房价下降了25%。如果这种下降是经济严重衰退的结果呢？如果经济下滑也导致你失去了工作，无力支付抵押贷款呢？现在你将不得不卖掉你的房子（下跌后价值37.5万美元），在还清35万美元的欠款后，你将只剩下2.5万美元。15万美元的投资回报率达到了灾难性的-83.3%。

这是一个脆弱性的例子，它与我们在第1章讨论的脆弱性有很大关系。在那一章中我们认为，如果一个系统（或个人）受到波动带来的伤害，那么它就是脆弱的，并认为塔勒布提出的术语"反脆弱"是相反的概念；也就是说，塔勒布的系统将从波动中受益。现在，我想更确切地谈谈脆弱性和反脆弱性。

具体来说，如果一项投资（或任何系统）对压力源的反应（例如，在上面的例子中，经济波动对房屋净资产的影响）是非线性的，特别是向下凹的，那么它就是脆弱的。这一点在你的房屋投资中可以体现出来，即使经济和住房价格之间的关系是线性的，导致住房价格下降25%的经济下滑，对投资造成的损失是导致住房价格下降12.5%的经济下滑的两倍多（出售时，你将剩下87500美元，或者是价格下降25%时的三倍多）。但实际情况甚至比这更糟糕。如果经济衰退的程度相对温和，你可能不会失去工作，从而使你能够"留在游戏中"，继续偿还贷款，直至房价恢复。在《反脆弱》中，塔勒布讨论了许多事物的脆弱性（包括投资、生态、公司、政治和金融系统等），以及一些具有反脆弱性的系统。在这些系统中，压力源产生上凸的反弹反应，多变的环境往往造成付出–回报失衡。

反脆弱性的一个非常重要的方面是，与脆弱性不同，它需要选择性和不对称性。选择性（例如投资）来自存在许多同时要做的事情，其中一些可以随时搁置一边。而不对称性来自有限的负面影响和无限或未知的正面影响，但潜在的负面影响远远超过正面影响。由于有许多小的"赌注"，没有任何一个赌注会得到回报，但如果在众多赌注中，有一个或几个确实得到了回报，其回报应该是不成比例的，是正回报，因此超过了所有其他投资在回报到来之前可能遭受的小的个别损失。事实上，如果不是因为许多小的长线投资没有一个会得到回报，让你有大的甚至完全的损失，那么以反脆弱的方式投资你的所有资产作为个人投资策略可能是有意义的。正如我们将在本书的最后一节中讨论的那样，这种策略与整体财务健康的基本理念背道而驰，因为在这种理念中，许多组成部分之间是相互关联的，失败会连带影响整体。因此，当一个人的整体财务状况（包括你的未来和由这些相互依存关系产生的脆弱性）被考虑在内时，很明显，另一种策略是有所指的，不仅仅是投资，而且是对你财务生活的整体管理。

简单地说，杠铃策略是一种既极端保守又极端积极的策略。它可以保护你的财务状况中那些脆弱的方面，并利用你的财务状况中那些可以被分割开并使之具有抗脆弱性的凸形回报。其中涉及的数学计算很复杂，但从根本上说，只要你所应用的情况是一个复杂的非线性系统，并且各部分可以被分割开，那么这种策略就可以发挥积极作用。整体金融健康的核心见解是由于我们金融世界中各种相互依存的组成部分之间的复杂互动而产生的。除复杂之外，我们的财务决策的后果，往往是非线性的。同样，正如我们在下文中所看到的，你的财务生活的某些部分可以被"封锁"起来，单独处理。

塔勒布的数学和关于肥尾分布的一些注意事项

纳西姆·塔勒布不是一个好相处的人，他自己也承认这一点。然而，在统计分析方面，他是位高手。如果你能容忍他的傲慢（实际上我觉得这很有趣），你会发现他的书极具洞察力，而且包含了许多有用的建议。他写过的最通俗易懂的书是《随机漫步的傻瓜》（*Fooled by Randomness*），但他最好的书是《反脆弱》。凡是理解和欣赏本书前七章的人，都可以充分读懂这两本书。这两本书都不是关于数学本身的。虽然我早就欣赏他的"不确定性"世界观，但直到我看完他的最新著作《肥尾效应》（*Statistical Consequences of Fat Tails*），我才完全信服。在这本书中，塔勒布为他许多具有争议性的理论奠定了数学基础。他对支配我们经济生活的肥尾分布的论证过程令人大开眼界。

在本书以及《你的未来价值几何》（*What's Your Future Worth?*）中，我讨论了预估某些结果的概率的重要性和挑战（例如，如果你投资于股票市场，你每年至少能赚7%）。我们在第7章中指出，驱动这些结果的许多随机变量并不像一些投资专家希望你相信的那样呈正态分布。相反，它们有更大的变异性，出现在有肥尾的分布中。肥尾分布简单地说就是一个概率分布，其中不太可能发生的情况（即来自分布的尾部）对你的预期值有不成比例的影响。

为了扩大处理肥尾分布的挑战，做一个小测试，遇到一个随机的陌生人并猜测他们的净资产是多少。如果你使用平均值，你会猜测其数额约为70万美元。但如果你使用家庭财富的中位数（即50%的人口拥有的金额，或多或少），这个数字只有9.73万美元。平均数和中位数之间的这种巨大差异是肥尾分布的特点。这使得根据预期值做出财务决策变得很危险，因为你假设你所处理的变量的概率是由正态分布所支配的，其中平均值和中位数往往非常接近。

你可能会问，如果我们知道这是肥尾分布（并不总是那么容易弄清楚），难道我们不能简单地重新计算概率，同时考虑分布的形状？答案是"也许可以"。但正如塔勒布令人信服地论证的那样，这比看起来要难得多，因为这些类型的分布有一个方面是几乎没有专家会承认的。虽然几乎所有优秀的统计学家都能在知道分布的精确形状以及其他关键参数的情况下计算出概率分布的平均数、中位数和标准差，但挑战在于如何知道你正在处理的这一分布的具体类型。这就是大多数专家没有在数学方面关注塔勒布的原因。

如果你仔细观察几乎所有专家所说的话，你会发现他们所假设的分布是基于历史数据的。有时这些数据是广泛的。例如，关于股票投资组合的预期收益和标准偏差的估计是基于我们多年来一直有记录的股票市场的表现。不幸的是，在几乎所有涉及肥尾分布的情况下，根本就没有足够的数据来确定分布的形状是什么。这是一个强有力的、令人沮丧的结果，但塔勒布令人信服地以数学方式证明了这个事实。

现在，尽管我很支持塔勒布的观点，但我确实认为他在批评风险评估工作者方面有时走得太远。虽然他从未攻击过我或我的精算同事对风险的误解，但我认为他没有给我们足够的信任。精算师确实了解肥尾分布。多年来，我们已经学会了尊重它们，并在你处理一个可能对你的财务健康和其他方面有危险的随机变量时，收集所有可能的信息。现在已经发展为一个完整的精算学分支：极值理论，专门负责管理这种风险。极限值理论被那些为各种灾难性风险发行保险产品的保险公司所使用。虽然有一天这些分布中的一个"胖尾巴"可能会呼啸而过，严重损害其中一家公司，但负责观察和分析的精算师不会感到惊讶。他们肯定已经采取了措施来防止他们的公司倒闭。

然而，你的工作则要简单得多。你需要做的是确保你自己在金融世界中的生存，在这个世界上，"胖尾巴"不只能让你破产，也能让你在经济上变得安全。

下面将具体阐述我说的意思。

整体财务健康中的杠铃策略的一个例子

塔勒布不仅在不确定性和风险方面是一位杰出的思想家，他还是一位哲学家，对伦理学有着清晰的认知，对理论和实践之间的关系观点独到。特别是，他坚信实践为理论提供参考，而不是相反。与此相关的是，他认为，如果有人给你提供建议，此建议会对你的生活产生影响，但他自己却置身事外，没有风险共担，那么应当拒绝这样的人的建议。在这一点上，我完全同意他的观点，因此，我想谈谈自己在生活中用到的杠铃策略。

2016年，在退休规划咨询行业工作了近40年后，我从雇主那里退休了。然后我不得不坐下来，想一想如何在没有组织为我提供薪水的情况下管理生活（财务和其他方面）。我以为我已经准备好了，但就像大多数事情一样，现实与理论有些不同。从表面上看，我做了所有正确的事情，我每年存了足够的钱，投资于一个平衡的投资组合（尽管我确信我的资产配置不在"有效边界"上），并以这样的方式严格管理我的债务和年度支出，理论上我所有的未来开支都可以由我的储蓄和我一路赚来的养老金收入来满足。但是，我越是从整体的角度看问题，就越是看到我的财务生活实际上是多么的脆弱。其中有各种我没有详细分析过的系统性风险和潜在的脆弱性因素，比如，我可能活得远远超过我的预期寿命，可能出现经济波动，导致市场崩溃或两位数的通货膨胀和利率回归，还有地方性的灾害（如地震）和全球性的灾难（如战争或金融系统崩溃）。这些灾难中的任何一个都是低概率事件，但正如塔勒布所指出的，不仅只需要一个灾难就能对你的计划造成破坏，而且最终，这些黑天鹅事件中至少有一个是不可避免的，而时间本身就是一个波动的来源。我预期的退休时间会在更久之后，这可能会导致一个严重的结果，都是需要考虑和防范的。

最后，我决定违背传统智慧和最高明的退休规划师提出的建议。我开始了我自己的杠铃策略。我把几乎75%的退休资产投入到购买有保障的终身年金、TIPS（财政部通货膨胀保值债券）和黄金上。当我年纪稍大时，我还会为我们的房子申请反向抵押贷款信用额度，以提供额外的资金缓冲，应对灾难的发生。这种极端保守的杠铃策略将提供足够的生活费用，即使发生最坏的情况。其余的部分我已经分成了小块，投资于高度投机性的企业（例如，具有无追索权融资的城市化社区的杠杆化租金收入单位，一些小盘股，以及其他一些非传统的长线投资，如旧书和收藏品），以形成杠铃的另一端。

不幸的是，我没有足够的硬资产来打造一个真正平衡的杠铃，但当我更全面地思考我的财务生活时，我意识到我拥有的其他可投资资产是我的时间和赢利能力（退休规划师几乎从不告诉你这是大多数退休人员在他们的房子和退休储蓄之后拥有的第三大宝贵资产）。有了这些时间，我正在补充杠铃的第二面，让自己参与几个我喜欢的企业，这些企业可能会给我带来可能但未知的财务收入。

当我写下这些文字时，我依然坚定不移地相信，未来具有不可知性，以及我们人类具有在这种不确定性中生存甚至发展的能力。我真诚地相信，我们需要做的就是接受不确定性是一个不可改变的现实，并尽可能快地从脆弱走向反脆弱。正如塔勒布所说："悲剧的地方在于，那些你认为是随机的东西，其实很多都为你所控制，更糟糕的情况是，恰恰相反。"诀窍是分清这两者之间的区别。

鉴于上述情况，要想在这个充满不确定性的世界中蓬勃发展，不仅要选择正确的战略，而且要有正确的态度。现在我们来谈谈金融领域的实际风险管理问题。

第9章

明智地投注——坦然面对未知

大约30年前，我和父亲决定在爱达荷州的索图斯山（Sawtooth Mountains）徒步旅行并露营。由于我们都没有在这种野外生存的技能和经验，我们聘请了一位专业人员戴夫·宾厄姆（Dave Bingham）为我们带路，并确保我们不会迷路或是遇到更糟糕的情况。戴夫不仅能够胜任这份工作，他还具有一种平和稳定的能量，使我和父亲感到既安全又刺激。我们跟随戴夫深入山区，每天跋涉十几英里。他带领我们探索原始的高山湖泊，我们在那里抓鳟鱼做晚餐，然后露营过夜。这是一次美妙的旅行和一场美好的回忆，但我至今仍在思考那次旅行中所遇到的问题。

那时候戴夫把我们照顾得很好，确保我们没有遇到什么麻烦。然而，他也需要一些独处的时间。每天晚上打扫干净营地后，我和父亲开始努力地搭帐篷准备过夜，戴夫则会随意地爬一爬附近的山，在太阳落山前回到营地。头几天，我和爸爸全神贯注地搭帐篷，没有注意到他的去向。但在第三天，我们发现他在500码（英制单位，1码≈0.9144米）外的一个陡峭的悬崖上攀爬。我们用望远镜观察他的行为，惊恐地注视着戴夫在没有绳索辅助和同伴协助的情况下越爬越高。在那个高度，任何滑落都会造成灾难性后果，一旦坠落，戴夫的身体就会支离破碎，我们则会被困在荒野之中。这是我在精算师职业生涯中从未见过的冒险行为。我简直无法理解，为什么会有人如此傲慢行事，对自己的行为可能产生的后果没有清晰的认识。

当戴夫回到营地时，他感到神清气爽，只是稍微有点累。我们让他坐下来，想和他认真谈谈。我第一个开口，问他为什么要用自己的生命和我们的幸福来冒如此大的风险。他似乎不能理解这个问题。于是我的父亲尝试了不同的方法。首先，他问戴夫认为意外摔死的可能性有多大。戴夫耸了耸肩，说他没有真正想过这个问题，只是觉得在岩石上攀爬令人愉悦。戴夫说他确信自己会安全地下来，因为他以前像这样爬过几百次了，从未出现意外。看到戴夫还是不明白，我父亲又提出了一个不同的问题。

"假设你知道你有千分之一的概率跌落并死亡，你还会去爬那个山吗？"

"哦，当然。"他说。

"如果概率是五百分之一呢？"

"没问题。"他立即回答。

现在我父亲开始担心我们落入了一个疯子的手中，我们全身而退的概率比原来想象的要小。

接下来我父亲问道："如果这个概率为百分之一会怎么样？"戴夫终于停顿了一下，说："好吧，也许如果风险这么大的话，我会重新考虑。"

自那一刻起，我们便不再讨论这个话题。但在接下来的几天里，我们花了大量时间来思考这次讨论的意义，以及我们所目睹的高赌注的许多未知（也许是不可知）的方面。

戴夫在那次攀登中摔下来的概率有多大？他平安攀登的回报是什么？对戴夫来说这个赌注真的明智吗？如何将赌注的所有其他成本和回报纳入戴夫的决策之中？例如，他如何看待他的失败给我们带来的风险？相较于通过爬上爬下所获得的短期快乐和好处，戴夫认为他的余生价值几何？除了通过"赢得"赌注、安全地爬上爬下得到即时快感，还有什么好处呢？也就是说，可能他在增进对地形的了解？练习日后攀登时会用的额外技能？或者只是寻求其他一些只有当你站在爱达荷州中部高高的、孤立的悬崖顶上时才能获得的自我认知？另外，也许还有一个最大的问题——是什么样的态度让戴夫如此坦然地面对攀登悬崖所带来的不确定的、可能是灾难性的未来？

对于这最后一个问题，我和我的父亲都没有取得任何突破。在我从爱达荷州旅行回来后的几年里，我时不时就会思考这个问题，但仍未取得什么突破性进展。然而，在某种程度上，无论在财务上还是其他方面，每当我们所做的决策会因为与预期不同而可能面临一些痛苦（或更糟）的后果时，我们就会问自己这个问题。

幸运的是，有人愿意分享关于这个问题的见解。最近，我有幸与一位善于押注的专家交谈，多年来她学会了如何在赌注极大、结果高度不确定的情况下从容应对。

1992年，安妮·杜克在宾夕法尼亚大学攻读认知心理学的博士学位。这时她发现，她的基本数学能力、对人类行为的深刻理论知识，以及将见解付诸实践的愿望，是从事一个更有利可图的职业的完美先决条件——职业扑克玩家。在接下来的20年里，安妮参加了该领域最高等级的比赛，并在2004年世界扑克锦标赛（World Series of Poker Tournament of Champions）中名列第一，成为有史以来第一位也是唯一一位赢得全国扑克锦标赛（National Heads-Up Poker Championship）的女性。在她的职业生涯中，杜克赢得了超过400万美元的奖金，并在统计学的层面上展示出了她的押注能力。

2018年，安妮决定与全世界分享她的思维方式，并出版了《对赌：信息不足时如何做出高明决策》。在我看来，这本书是有史以来关于如何在不确定情况下做决策的最好且最实用的书之一。虽然不是专门针对财务决策，更不是针对确保持久财务健康最关键的长期决策，但安妮对不确定性的本质以及我们在面对未知（和不可知）的未来时应该采取的心态的见解，非常值得我们学习。

当我和安妮取得联系，告诉她我正在写一本关于类似话题的书时，她欣然同意分享她的观点，将她的专业知识应用于与财务规划相关的具体问题，尤其是如何在一个充满未知的世界中茁壮成长。

在《对赌：信息不足时如何做出高明决策》一书中，安妮认为，"优秀的扑克玩家和优秀的决策者的共同点是他们坦然面对世界的不确定性和不可预测性。"也许这一点是显而易见的，但安妮接下来所说的内容则非常重要，甚至对我们大多数人来说，可能是反直觉的。她说，要做出好的决策，重要的是人们要弄清楚自己有多不确定并对不同结果发生的可能性做出最好的猜测。

安妮认为，所有的决策都是"赌注"，拥有可以做出明智押注的思维也同样会做出好的决策。我完全同意这一点，我认为这两者之间存在许多相似之处。然而需要注意的是，安妮所关注的各种赌注和我们在本书中讨论的财务决策之间也有一些重要差异。

首先，让我们来看一些相似之处，以及安妮的见解对保持你的财务健康有哪些帮助。

在前文中，我们在事件（决定性的、混乱的或随机的）如何将现在转化为未来的背景下讨论了不确定性的性质，但我们却忽略了不确定性的另一个方面，而安妮正面考虑了这一点。具体来说，我们经常需要在对当前情况掌握不完全信息的情况下做出决策。在扑克中，我们不知道其他玩家持有的牌，只能根据其他信息（例如，他们在牌局中早些时候做了什么赌注，他们可能有什么面部表情，具体持牌的基本概率，以及其他一系列间接线索）对他们可能是什么牌进行有根据的猜测。对于我们必须做出的大多数财务决策来说，情况也是如此。安妮如此出色的原因之一是，她能够快速分析这些线索，对未知信息做出更好的猜测。虽然她在牌局结束前不会知道她的推断是否正确，但评估和适应这种不确定性与学会接受未来的随机性一样重要。

在评估不完全信息时，使用概率论的价值有限。根据间接线索（与对手持有某张牌的先验概率不同）对看不见的牌的猜测要么是对的，要么是错的。在这里最需要磨炼的是我们提升这些猜测正确率的内部过程，而不是理解和计算概率的能力。

我想，戴夫·宾厄姆对自由攀登爱达荷州悬崖的信心，有些来自他对这后一种不确定性的适应能力。戴夫认为，攀登中最大的不确定性与对悬崖本身和他自己的身体能力的不完全理解有关。对于一个试图评估登山者坠落概率的观察者来说，这两种不确定性的来源可能会被混为一谈。例如，在考虑攀岩事故的发生频率时，几乎不可能区分那些只是对未知事物做出错误猜测的攀岩者和那些因为完全随机的阵风或肌肉痉挛而坠落的人。这可能就是为什么戴夫很难理解和回答我们的问题。他不仅认为他已经消除了与对于山的认识和他自己的能力有关的所有不确定性，而且他根本不认为与随机性有关的其余不确定性是那么重要。也许他是对的，但我认为戴夫也没有真正理解概率论，或者说没有理解如果你连续100次冒五百分之一的风险，只有80%的机会在这次经历中幸存下来。

幸运的是，安妮·杜克确实了解如何将概率论纳入其中，更重要的是，如何将未来结果的不可预测性与不完全信息区分开来，在我们做出的每一个决策中，无论是财务还是其他方面，不完全信息都可能是一个同等甚至更大的不确定性来源。作为一名扑克玩家，她不仅没有纯靠经验（或深刻的模式识别技能）比赛夺冠。相反，她积极地尝试并优化对不完全信息的推测。几乎没有人在一生中会做出足够多的财务决策来培养安妮所拥有的对看不见的牌的直觉能力，因此，掌握这些帮助我们推测的技巧至关重要。

我们将在下一节中更多地谈及安妮关于如何直接接受我们内部偏见和认知局限所带来的挑战的见解。通过克服我们固有的非理性，我们可以训练自己学会对我们所面临的财务决策中看不见的方面做出更好的选择。现在，让我们简单地听一下她所说的在处理不完全信息时应该具备的态度。

安妮认为，当我们面对一个信息不完全的决定时，我们需要克服的最大障碍是我们对隐藏信息已经有的信念。正如安妮所说："我们没有认识到我们的许多信念的基础是多么的脆弱。"当我们面临一个重要的财务决策时，就像在高风险的扑克游戏中试图弄清对手所持的牌一样，这一点是真实的。

比方说，你的事业开始起飞，你赚的钱比你花的钱多得多。当你考虑这笔可自由支配的收入时，你试图决定是把更多的钱投入你的401（k）计划和其他退休储蓄中，还是用你积累的资产的一部分来支付第二套房子的首付，你和你的家人也可以在那里度过假期。一方面，你认识到，如果你要买另一栋房子，你的新抵押贷款的偿还将降低你支出的能力，使你无法储蓄更多的钱。另一方面，你也认识到，购买第二套住房不仅是一种投资，拥有这套住房还将在短期和长期内为你提供非金钱上的好处。

你面临着一个复杂而重要的财务决策，在这个投资的未来结果方面存在着很大的不确定性。作为一项投资，你需要评估度假屋的升值速度是否会超过你在401（k）计划投资中的收益。除了它的财务回报，你还需要认识到，你为买房而承担的抵押贷款债务将增加一定程度的杠杆作用，这将增加赌注。也就是说，你的净投资回报将因你的购房行为在你的个人资产负债表上增加资产和负债这一事实而被放大。你还需要评估承担大量的长期债务将如何影响你未来的财务状况。

它是否会像我们之前讨论的那样使你变得脆弱？它是否会妨碍你抓住可能出现的其他更好的投资机会？还有其他问

题你也应该问自己。例如,你的收入是否会继续保持在一个足够高的水平,以满足两套房子的支付?由于投入如此大笔资金,你将放弃哪些生活方式或职业机会?现在你没有(经济)理由去其他地方,你和你的家人还会继续每年去同一个地方度假吗?你未来的健康和生活方式是否能让你在未来充分享受到房子的乐趣?这些是你必须解决的关于未来的一些不确定因素。

上述问题都与未来的不确定性有关,但目前的情况也有很多可能是你不知道的,需要注意。这往往是财务规划中被低估的一个方面,而安妮的方法可以为其提供很大的帮助。

例如,假设你住在旧金山。你想在太浩湖(Lake Tahoe)附近购买度假屋,你和你的家人已经在那里度过了很多个假期。每年开车上山时,你都会经过一些古朴的山区小镇,每次你都会告诉自己,如果能在这些社区中拥有一个自己的房子该有多好。你想象着自己能够随时去度假,而无须提前计划住宿。你告诉自己,购买房屋的财务风险是最小的,因为如果有必要,你可以在不使用房子的时候把它租出去,而且不会对你的退休储蓄产生负面影响。这所房子本身甚至可以作为将来退休的地方。比方说,你甚至在你考虑的城镇花了一些时间,并与当地的房地产经纪人会面,以了解市场和房价可能是什么样的。

但是，在你知道了（或以为自己知道）那么多东西以后，你真的了解在你将要加入的社区和拥有房产是什么样子吗？邻居们是什么样的？除了未知的未来，还有很多其他你不知道的事情，比如你现在可能要买的东西。与任何投资一样，购买第二套住房需要"尽职调查"。找到一个特定的房产和你的抵押贷款隐藏的缺点（和优点）的道路是很好走的，但你认为你已经知道的购买方面呢？例如，你可能从房地产经纪人那里听说，租赁市场很强劲，你可以租出你的新房，以帮助你支付抵押贷款，这是真的吗？如果你想把你的房子打造成一间民宿，需要拿到什么样的许可证？需要交多少税费和管理费，需要多长时间才能让你的房子准备好出租？

然后是你对自己的信念。你可能在想，你可能想在太浩湖退休，所以房子可以成为更大的退休规划战略的一部分，但这是真的吗？在《对赌：信息不足时如何做出高明决策》中，安妮讲述了一个精彩的故事：一个高赌注的赌徒与朋友打赌3万美元，他可以在艾奥瓦州的德梅因住上30天而不发疯。他分析了离开拉斯维加斯一个月会损失多少收入，他可以在其他游戏中发现哪些潜在的额外技能，比如台球或高尔夫，这些技能使他回来时可以产生额外的收入，以及许多其他变量。只是，他忽略了一个最基本的变量——他是否真的能忍受在这样一个安静的小镇生活那么久。正如安妮所指出的，"在我们的大多数决策中，我们不是在与另一个人打赌。相反，我们是在与我们没有选择的所有未来版本的自己打赌"。

在后文中，我们将有更多关于如何学习对看不见的牌做出更好的猜测的内容，这些猜测与我们大多数的财务决策以及我们让偏见和认知障碍导致我们误入歧途的倾向相关联。在这之前，我们将以玩扑克和做出重要的个人财务决策之间的重要区别来结束本章。

打个长期的大赌

财务决策与打扑克有一点不同。像安妮这样的职业牌手，每年都要下成千上万的赌注，只要她赌对了，那么在一天（或一年）结束时，她就会赢钱。不幸的是，我们大多数人在金融生活中做出"正确"选择的机会要少得多，更糟糕的是，我们每个选择的后果往往比打扑克牌严重得多。有时，赌注太大，即使你下了一个自认为明智的赌注，如果结果不好，对你的财务健康的影响也可能是灾难性的。

在我的业务中，这被称为"赌徒的毁灭问题"，精算师在帮助保险公司制定核保和定价标准（我们的赌注形式）时，会熬夜思考这个问题，以便一系列保险索赔不会使他们的雇主破产。在《对赌：信息不足时如何做出高明决策》中，安妮讨论了"结果"，以及我们不应该以结果来判断决策的质量。当一切都取决于一个赌注的结果时，尽管结果是灾难性的，但如果知道自己做出了正确的决定，那么也就算是得到了一份小小的安慰。

当我跟安妮提到这一点时，她对此给予了肯定，并指出我提出的问题类似于人们在扑克中有时不得不做的"全押"，即对手下了一个很大的赌注，为了让牌局继续，你必须把所有的钱都投进去。如果你输了，就出局了。如果你赢了，就可以继续玩下去。

通常情况下，安妮建议尽量减少面临这种情况的可能性。她推荐了能够帮助实现这一点的诸多技巧，其中最适合的是有效的资金管理。你应当确保自己的赌注只占全部资产的很小一部分，进而避免发生上述情况。当你所做的财务决策有让你破产的可能性时，这份建议可能看起来显而易见，但令人惊讶的是，我们极易被看似轻微的下跌可以带来的巨大上升空间所诱惑，而没有考虑到最坏的情况，那就是投下去的钱有可能全都荡然无存。如果你把大部分资产都拿出来投资的话，那么即使输光的概率似乎很小，你仍需要将其视为全押。

由于上述原因，我们全押的次数比想象得多。我们应当听从安妮的建议，她说在扑克比赛中，"尽管你不能总是避免'全押'，但你可以常常让对手犯数学错误，让他全押"。换句话说，当你需要做一个风险巨大的决策时，你要确保赔率尽可能地对你有利。但安妮也承认，当赌注足够高，失败的后果足够严重时，仅仅试图做出"百分比的游戏"是不够的。我们需要进一步评估自己对风险的承受能力。

事实上，整体财务健康原则五明确提到了其客观方面，那就是反脆弱这一特性对保持财务健康至关重要。在上一章中，我们谈到了杠铃策略，其目的不仅是让你持续具备更多的上升潜力，而且在你的财务状况或你所投资的市场的某个方面突然崩溃的情况下，也能保护你免受整体财务状况的灾难性损失。当面临一个真正重要的财务决策时，重要的是不要过于关注你即将做出的决策的概率和预期价值，而是要保持自己对可能发生灾难的风险的感受，就像从爱达荷州的悬崖上跌落一样，这会让你出局。

除了与每个财务决策相关的更高赌注，扑克赌注与我们在财务生活中做出的选择之间还有一个更微妙的区别。具体来说，投资、职业和退休规划选择的结果通常比扑克游戏中的结果呈现得要久，因为扑克游戏中的下一次洗牌将在几分钟内发生，而不是通常需要几年才能知道我们的财务决策是否有好结果。就我们的目的而言，这意味着要真正知道我们做出的财务决策是好是坏，我们需要充分认识到我们的"时间偏好"。

时间偏好的概念最早是由欧文·费雪（Irving Fisher）正式提出的，他是一位著名的美国经济学家，在20世纪初首次认识到这一概念并试图将人们对当前与未来消费的偏好程度的影响纳入经济理论中。请注意，这种个人偏好与金融专业人士用来比较现金收入（或流出）将随时间变化的资产和负债价值的客观贴现率有很大不同。该比率是投资回报和可能影响未来现金流的未来突发事件的概率的函数。作为一名精算师，贴现率的概念对我所做的一切都很关键，而确定未来将发生的事情在今天的价值，也就是确定精算现值的概念，在某些方面是精算工作的本质。确定现值的科学对于经济实体来说是成熟的，但由于我们在这里谈论的是做出个人财务决策，我们需要将时间偏好和精算现值结合起来。只有这样做，我们才能确定一个适当的个人贴现率，用于做出对我们来说更好的财务决策。

这是一个艰巨的挑战，而且主要是心理上的挑战，由于我们在考虑今天所做决策的未来后果时，必须将我们的时间偏好与我们对风险本身的感受结合起来，因此决策变得特别困难。

在我的第一本书《你的未来价值几何》中，我描述了了解自己的时间偏好对一个人来说是多么重要，而且我们每个人都要知道，与我们对当前情况的重视程度相比，我们对自己的长远未来有多大的重视。

在《对赌：信息不足时如何做出高明决策》中，安妮描述了当个人要做出一个既有积极又有消极潜在结果的决策时，了解他们自己对风险的感受是多么重要。我们需要同时做到这两点，因为许多重要的财务决策既包括重大的风险，也包括从做出决策到感受到后果的时间。

那么，我们要如何做到这一点呢？

首先，知道什么事情不能做是很重要的。从根本上说，风险厌恶的程度和时间偏好都是个人的和主观的。正如我们在本书中所说的，也正如整体财务健康原则一明确指出的，每一个财务决策都应该与你作为一个人，与你的个人情况和个人价值观和态度相一致。因此，首先要知道，没有绝对

"正确"的答案。这并不是说我们的大脑中没有编程缺陷，可能导致我们误解或错误评估我们的真实偏好。这样的情况有很多，我们将在接下来的几章中详细讨论这些问题。

然而，现在我想提一下安妮在她的书中概述的另一个技巧，用于探索一个人对风险的感受，即"心理时间旅行"。这是一个思想实验，任何人在面临重要的财务决策时都可以进行。虽然是为解决风险承受能力而设计的，但她和我都认同，这个实验也可以有效地应用于帮助你确定你的时间偏好，这将有助于你做出更好的长期财务决策。

正如安妮所说，我们面临的关键问题是，我们"没有立即感受到我们所做的大多数决定的后果"。我想说的是，我们完全没有意识到在未来很多年里，当我们关于退休计划等关键问题的长期财务决策的全部后果完全显现出来时，我们会有什么样的感受。

从根本上说，"心理时间旅行"需要以一种非常具体的方式想象你未来的自己会是什么样子。安妮对这一过程进行了深入的描述，并建议利用一些技术应用程序帮助你做到这一点〔例如，美林证券的面对未来退休计划应用程序（Face Retirement），可以让你真正看到你在未来许多年后的样子〕。

对于风险容忍度，使用"心理时间旅行"是可以直接体验的。你设想一下，如果未来任何结果出现，你会有什么感觉，然后你再决定你想在多大程度上避免这些风险的发生。

确定你的时间偏好则有点不同。你需要比较你在两个假想的未来（例如，你最终为退休储蓄的那个未来和你没有储蓄的那个未来）中的感受，并将这种差异与你如何评估两个备选方案（你花掉你得到的大笔奖金的那个方案和你将所有奖金存入401（k）账户的那个方案）之间的差异进行比较。正是这四个版本的你的相对价值将决定你个人贴现率的时间偏好部分。

心理时间旅行并不容易。我建议那些有兴趣改善这方面的人拿起《对赌：信息不足时如何做出高明决策》这本书，安妮用了整整一章来讨论这个问题。但现在让我们继续讨论，在管理自己的金融生活时，我们所面临的最令人沮丧的挑战——认识自己，包括人类数百万年的进化给我们留下的非理性的、往往是无意识的偏见给我们决策所造成的影响。

第四部分

了解你自己——这是一个非理性的世界

第10章

我们自以为知道的东西实际上自己并不知道

20世纪80年代中期对投资专家来说是一个令人振奋的时期。20世纪70年代末和80年代初美国十分可怕的通货膨胀和利率问题已经有所缓解（十年期国债在1981年9月达到了目前难以想象的15.76%的水平），现在正处于历史标准的正常范围内。股票市场和经济正在蓬勃发展。随着计算机技术和投资理论的加速发展，世界似乎即将走进一个新时代，风险和收益的奥秘终将揭开。所有人都将迎来一个光明且安全的财务未来。

当时我刚成为一名北美准精算师，并开始参加正式精算师考试。其中一门重要考试是经济学，专门处理预留出的数十亿美元，这些钱是为了支付我们精算师所管理的负债。1986年春天，我怀着强烈的好奇开始学习由哈里·马科维茨（Harry Markowitz）提出的现代投资组合理论，这是近1200

页考试大纲内几本厚重书籍中的第一本。

可悲的是，我的热情只持续了不到一页。第1章第2段里，我读到了一句轻描淡写却又让人心惊的话："人们厌恶风险。"基于这个"事实"，这本书的其余部分将为读者阐述美丽且强大的"有效边界"理论，该理论声称可以针对不同层级的风险容忍度制定投资组合，确保预期收益最大化，从而使个人投资策略达到最高"效率"。这是"最先进的技术"。因此，作为精算师，我有责任充分了解负责管理资产的投资专家们如何工作。

当时，我在商业界只待了不到七年，但即使在这么短的时间内，我已经学到了足够多的实用风险管理知识。我知道上面的说法不仅错误，而且毫无意义。想到整个投资理论的大厦，以及数以百万计的投保人和养老金计划参与者的财务安全，是建立在这样一个不稳定的基础上，真是让人害怕。当我一次又一次地盯着这四个字时，我开始认真考虑放弃成为一位持证精算师的目标，转而辞职去做一个技术工作者（当时职业北美准精算师唯一能从事的工作）。

为了理解人们规避风险这一说法有多大的误导性，首先必须认识到并不是所有人都乐于规避风险。丹尼尔·卡尼曼和阿莫斯·特维斯基明确证明了这一点。但即使在那时，任何一个关注这方面的人都可以看出一些异常行为，我们这些从业者也开始怀疑传统经验所说的厌恶风险。但更重要的人们甚至不知道什么是风险。要命的是，那时的我也不知道它是什么，而风险是我整个职业的核心概念。

正如我所说，为了成为一名北美准精算师，我必须学习所有相关的精算数学。虽然这需要对概率学和统计学进行相当深入的研究，但也需要通过风险理论的考试。当时教给精算师的风险理论课程难度相当大。不仅数学难以学透，而且问题也很深奥。如果你想得太多，你会很快发现自己陷入了关于不可知论的哲学问题中。这会使你甚至怀疑学习这门课是否有用。

我必须通过风险理论的考试，别无选择。我放下了存在性焦虑，潜心学习数学，最终通过了考试。后来，当我面前摆着一本关于现代投资组合理论的书时，我所面临的任务更为艰巨，那就是停止怀疑，去学习一个基本假设明显存在缺陷的理论。尽管如此，我还是很务实。我捏着鼻子，阅读材料，同样通过了考试，最终成为正式精算师。

我那时没有意识到，但几乎就在我学习现代投资组合理论的同时，丹尼尔·卡尼曼和阿莫斯·特维斯基正在开创行为经济学这个领域。它是基于这样一个命题：我们不是理性的决策者。总的来说，我们对风险、回报和经济决策的态度，其复杂性以及对环境的依赖性，比人们以前所认为的要深得多。几乎所有的经济和投资理论都存在根本性缺陷。

卡尼曼和特维斯基等人永久地摧毁了人们理性对待金钱这一观点，在我们讨论他们的具体发现之前，我想再谈一谈自己的感受。除了认识到我们在面对风险方面的不理性，我很快发现我的客户和他们所代表的雇员在财务决策的另一个关键方面明显也是不理性的——将时间因素纳入对未来与现在的成本和收益的权衡评估。

在我的职业生涯中，我看到美国无数养老金计划参与者做出了"错误"的决策，他们在退休时选择了一次性兑现，而不是有保障的终身养老金。我之所以知道这些决策在客观上是错误的，是因为我必须计算出"一次总付的等值选择"来发送给即将退休的人员。公司提供给员工的一次性总付款项只有在退休者能够设法获得极高的投资回报，并管理总付的系统性支出以维持退休者（有时是配偶）的余生时才是等值的。对我来说，这是不理性的最高境界，它与厌恶风险没有什么关系。相反，它与时间偏好有关。虽然任何一位精算师都会告诉你，人们平衡现在和未来的方式不合逻辑（考虑到合理的投资回报），但经济学家和金融专家都没有很好地解释这种现象。相反，他们只是简单地忽略了这一点事实。

实际上，我在这个问题上形成了自己的理论，称之为"时间的时间价值"，并在一本精算杂志上发表了出来。不幸的是，读者有限，这篇文章未能流行起来。我告诉所有愿意听的人：不应该允许养老金计划的参与者做出一定会错的选择来伤害自己。与此同时，理查德·H.塞勒正在以一种更具系统性和全面的方式研究时间偏好。与卡尼曼和特维斯基一样，塞勒也为现代经济理论的棺材钉上了一枚最重要的钉子。接下来，我们将讨论塞勒的研究成果，但首先，让我们进一步探究行为经济学及其诞生机制。

对于那些想了解我们如何意识到我们自以为知道的东西实际上自己并不知道的人，我建议他们阅读迈克尔·刘易斯（Michael Lewis）的《思维的发现》（*The Undoing Project*）。刘易斯是一位了不起的作家，他写了一些讲述人类的弱点如何在过去几十年里几次将货币世界推向灾难边缘的书，引人入胜。其中，最广为人所熟知的一本就是《大空头》（*The Big Short*），后来有人将它拍成了一部关于2008—2009年全球金融危机的节奏感极强的电影，但他的许多其他书也值得一读。

如果你想了解他刚开始做金融界战地记者的事迹，你可以看看《说谎者的扑克牌》（*Liar's Poker*），其中详细介绍了刘易斯在20世纪80年代在所罗门兄弟公司（Salomon Brothers）工作时如何做一位隐蔽的旁观者。当时，投资银行界的技术军备竞赛已经开始。一些绝顶聪明的人大赚了一笔，而那些人很少考虑他们的新投资产品和策略的长期后果。刘易斯后来出版的许多书都提到了当时一些鲜为人知的隐秘故事，即投资专家们如何以合法的方式侵害冒险进入市场的个人。《闪击者》（*Flash Boys*）就是一个很好的例子。它描述了闪电般的交易速度，使交易员能够从他们的高频交易的两边刮走一部分钱，让普通投资者以更高的价格买入，以更低的价格卖出。

刘易斯和我一样清楚，即使你能够理性地行动，金钱山的荒野仍旧险象环生。在《思维的发现》中，他描述了行为经济学家先驱们的发现：我们的行为显然很不理性。事实上，我们的内部线路使我们作为个体无比脆弱且毫无准备，难以在这种复杂多变的环境中生存。

《思维的发现》讲述了卡尼曼和特维斯基的故事，他们开始探索人类心理中负责做出决策的领域，这些领域在此之前鲜为人知。通过内省、观察和巧妙的实验，他们发现，当面对基本的概率或财务问题时（例如，"在一百个人中，有两个及以上的人生日相同的概率是多少？"或者"你愿意有10%的机会得到1000美元还是100%的机会得到50美元？"），人类的回答前后矛盾，当同一个问题的措辞和表述稍有不同时，人们往往会给出不同的答案，而且即使答案一致，也往往与逻辑和主流经济理论的预测有直接冲突。

卡尼曼和特维斯基是杰出的合作者，他们凭借自身实力成为伟大的思想家。他们发现了许多极常见的情感偏见和易发生的认知偏差。在下一章中，我们将盘点其中一些最容易发生的错误，这些错误会在你试图做出良好的财务决策时绊倒你。在这之前，我想谈谈理查德·H.塞勒和他对时间偏好问题的研究，即我们平衡和重视明天发生的事情与今天经历的事情，以及我得出的关于如何运用他的惊人见解的结论。正如我们以前所讨论的，这是你必须做出的几乎每一个财务决策中至关重要的部分。

正如我所说，1997年，《应急》杂志（Contingencies）发表了我围绕这一话题写的小文章。在那篇文章中我提出，我们对时间的看法（即，随着年龄的增长，岁月似乎过得更快）导致我们更重视现在而不是未来。事实上，这就是我的养老金客户坚持一次性提走所有的养老金，而非理性地选择一个有保障的终身年金的原因。我并未身处在学术环境之中，所以我无须进行同行评议，但我当时给安德鲁·阿贝尔寄了一份预发稿。他是宾夕法尼亚大学沃顿商学院的教授，也是我认识的人中最好的经济学家之一。安迪友善地阅读了我的文章，并给我寄回了一份当前所有关于时间偏好概念的经济学论文的调查。主流经济理论认为，尽管时间偏好问题是一个相对不重要的参数，但它有时很关键，因此必须纳入投资市场和总体经济运行的模型中。

虽然经济学家与精算师的视角略有不同，但当我看到他们在和我探究一样的东西时，还是难免大吃一惊。因此，我非常好奇，想知道经济学家们是否也注意到了这种现象。

事实上，几乎没有经济学家注意过，除了当时在康奈尔大学担任经济学教授的理查德·H.塞勒。塞勒在1981年写了一篇论文，证实人们使用"双曲线贴现"来倾向于对较近的时期采用更低的折现率，对较远的时期采用更高的折现率。这正是我所写的现象，并解释了为什么我的许多客户选择一次性提现，而不是更理性地选择终身年金。尽管他的论文比我在杂志上的文章早写了十多年，但似乎没有人意识到塞勒工作的重要性。安迪发给我的材料清楚地表明，尽管经济学家对时间偏好的理解并不透彻，但塞勒所发现的异常现象并没有影响到经济领域或精算工作方式的传统智慧。

塞勒最终因其对主流经济理论如何以及为何是错误的突破性见解而获得了赞赏和荣誉，并最终因其出色的工作获得了诺贝尔奖。他所做的远不止是发现了双曲折现。他还发现了禀赋效应（Endowment Effect），以及其他使经济生活变困难的诸多偏见和认知怪癖。在下一章中，我们将讨论其中最重要的几个问题，并谈谈你可以做些什么来防止它们破坏你的财务状况。现在，让我们继续讨论为什么我认为大脑的这种特殊怪癖是我们自身的特点，而不是我们应该试图弥补或依靠专家帮助我们克服的心理缺陷。

因其在当今世界中的证明和处理方式独特，双曲折现可能是塞勒的所有发现中最著名的那一个。特别是，许多人认为塞勒的工作证明了为什么许多人极其缺乏耐心，本能地选择即时满足，而不是审慎且适当地牺牲眼前的利益来换取未来更大的回报。

你们中的许多人可能都看过一段很可爱的视频，视频内容是对一群五岁儿童进行棉花糖测试。这个测试理论上可以用来预测他们以后是否会成功，其依据是一个人是否具有为未来做规划的先天能力，并推迟眼前的满足，以便在长期内取得更大的成就。在那个测试中，会有人给一个小孩一个棉花糖，并告诉他们可以现在吃，但是如果他们愿意等十分钟以后再吃的话，大人会回来发第二个棉花糖给他。这个测试关键是，如果孩子没有等待，而是在研究人员回来之前吃了他面前的棉花糖，那么他们就放弃了获得第二份食物的机会。我不知道这场测试是否真的会预示些什么，但这段视频确实以一种令人信服的方式展示了我们在评估现在与未来方面的个人差异。

塞勒本人主张运用他的原则来改变社会运行的方式，帮助人们克服不耐烦、减少痛苦。他在《助推》（*Nudge*）一书中描述了许多这样的变化，我认为这些变化都是好的，特别是那些保留了我们推翻系统的能力，同时可以抓住面前的棉花糖的变化。例如，许多公司现在使用反向选择的方法注册401（k）计划。在反向选择的情况下，除非明确选择退出，否则员工一旦符合条件就会加入该计划，他们的一部分工资就会自动扣除并存入账户。这无疑在全国范围内提高了401（k）计划的参与度，并至少在一定程度上增加了许多员工在未来的退休保障。员工仍然可以决定是否参与或将收入的一小部分存起来。在我看来，这是两全其美的。但当这些建议成为强制性的，或者当专家向人们施压来迫使大家接受他们的建议时，我开始担心起来。

那些认为这是在保护我们不受自身伤害的人的论点如

下。几千年来，人类的生物进化似乎产生了"编程错误"。当我们在大草原上游荡，需要吃东西或避免被剑齿虎吃掉时，这些"错误"对我们大有裨益。但在现代世界中，它们对我们的帮助就没有那么大了。无论是在个人层面上（例如，我们遭遇意外、濒死、残疾或失业的风险），还是在更宏观的经济层面上（例如，股市崩盘、通货膨胀、利率浮动的可能性），这一点都无疑是正确的。那些对个人贴现率有异议的人还认为，也许是因为原始人的未来充满了风险和危机，所以我们天生就会高估眼下的状况。因此，精算师和其他财务规划师的一个关键作用是用我们的专业知识重新编程个人大脑系统，从而使他们能够做出更好的决策，进而产生更好的结果，减少遗憾。

对此，我反对的地方在于，我认为对现实世界风险的客观评估（比如你乘坐的飞机坠毁的概率，或者你明年因心脏病发作而死亡的概率）与对生活方式的主观感受之间存在着根本性区别。我认为任何人问我三十年后我是否会后悔都是非常冒昧的。我们都曾听说无数个这样的故事：人们在生命的最后，后悔他们以前做的那些理性的财务决策，而不是去环游世界、花更多的时间与所爱的人在一起，以及活在当下？这不是一件容易的事，但我不认为这对于现在和未来之间的权衡有任何借鉴意义。

除此之外，我认为还存在一些客观原因，可以解释为什么专家在个人贴现率问题上给出的意见往往是错误的，其可靠程度还不如个人——他们会为了做出财务决策而花时间学习相关技术知识——能够获得专家永远无法了解的自己的愿望和价值观。那些对为什么我认为每个人都应该制定自己的个人贴现率感兴趣的人，可以阅读我就这个问题写的一篇文章《为个人贴现率辩护》，这篇文章仍然呈现在我的网站上。

现在让我们转向更宽泛的问题：我们如何能够意识到并管理大脑非理性地处理信息，以及评估每天面临的选择的无数其他方式。

第11章

偏见、启发式方法和认知偏差

我把我的第一本书献给了我的朋友罗伯特·弗罗里希（Robert Frohlich），他是我的童年好友，在我开始写《你的未来价值几何》之前就去世了。罗伯特总是告诉我，他对金钱一无所知。事实上，每当我问他过得怎么样的时候，他就会说一切都好。主要是因为他正在做他想要做的事情，唯一的小问题是他破产了。对他来说，钱不够只是一个小麻烦，考虑到他的生活方式，这一点确实如此。

罗伯特是一名自由滑雪记者，住在太浩湖附近的塞拉山（Sierra Mountains）地区。他的写作收入可能不足以按时支付房租，但他拥有该地区所有滑雪场的季节通行证。他所去的任何一家美国的滑雪山，以及欧洲的许多度假村，都欢迎他的到来。他的朋友名单中包括专业滑雪赛手、山区探险家和各种类型的极限自由式滑雪者。他走到哪里都深受当地人的喜爱。2010年，在他去世之后，包括许多著名冒险家和前奥运选手在内的一千多人挤满了斯阔谷（Squaw Valley）的一个酒店礼堂，以纪念他的一生。简而言之，他离世的时候很富有——不是指金钱方面，而是指他所建立的丰富关系和他所留下的遗产。

显然，罗伯特是一名杰出的滑雪者。在许多方面，他把自己的生活看作在双黑钻雪道上的一条长长的下坡路——满是泥泞、岩石、树木、掺杂着冰块且凹凸不平的积雪，以及瞬息万变的天气。当我看着他从一个陡峭至极的山坡上滑下来的时候，他看起来无比平静、放松。虽然不能控制所处的环境，但他能很好地控制自己。他的身体、靴子、滑雪板和滑雪杖似乎都是他四肢的延伸。他认识到并证实了这样一点：在山上滑雪需要你充分了解周遭的环境，以及你因环境危险而受伤的诸多可能。罗伯特总是知道自己要去哪里，他的注意力集中在当下，以确保他的下一个转弯是干脆、准确的，并符合他所选择的下山路线。

在前文中，我们已经讨论了货币世界的地形，现在我们需要仔细审视自己，并进一步思考我们在攀爬金钱山时受到的限制。罗伯特非常清楚自己的身体与思想会以何种方式导致他崩溃和跌倒。我们要和他一样，充分认识到自己在做财务决策时的性格弱点在哪里，以及我们会在何处被愚弄，误以为路径比实际情况更清晰，坡道也更宽阔更空旷。

自卡尼曼、特维斯基、塞勒和其他一些人开创了行为经济学后，这个领域涌现出数百本相关书籍。在这些新知识的帮助下，我们现在可以审视大脑中所有已发现的"编程错误"，以及与之对应的修复建议。在下一章中，我们将再次与安妮·杜克交谈，听听她在野外生存的技巧。然而，目前最重要的是确定在面对财务选择时，最需要注意哪些会造成负面影响的人类特质。

到目前为止，我们对自己容易出现的情感偏见和系统性认知偏差的了解已经大大增多。通常情况下，情感偏见或认知偏差之间的界限分明。由于这些现象之间大多相互关联，所以很难对它们进行跟踪，更不用说分辨哪些是最需要注意的。

人类与主流经济理论在历史上假定的"经济人"之间的不同之处层出不穷，这使得学术界很难找到一个更好的模型。显然，旧的模型已经坏了，但目前还没有形成一个全面的、令人信服的新经济理论来取代它。

幸运的是，你不需要担心自己难以理解金钱世界的真正运作方式。正如我们在一开始讨论的那样，尽管这个系统极其复杂且费解，但你需要了解的是你的系统。虽然也很复杂，但比我们所处的大环境要好得多，而且你可以成为这个系统的专家。那些喜欢了解完整故事的人可以参见本书的结尾注释，那里列出了一份完整的情绪偏见和认知偏差清单。

虽然我鼓励你看看结尾的那份清单，但我在下面列出了我认为在开始寻求财务健康时应该注意的最重要的偏见和偏差。同样，这个总结也绝不是完整的，我甚至可能遗漏了一些重要的内容。毕竟，我和其他人一样容易产生偏见，所以我的分享并不客观。尽管如此，我认为这是一个好的开始。

情感偏见

1. 禀赋效应——这是塞勒的第一个发现，审视自己是否会受到它的影响至关重要。这一效应可能会导致严重的财务错误。从本质上讲，禀赋效应使你高估你已经拥有的东西，低估你尚未获得的东西。例如，它可能导致你持有你应该出售的投资，而没有投资于你应该投资的资产。

2. 确认偏误（Confirmation Bias）——这种想要确认你已经相信的东西的倾向会使你忽视相关数据，在没有尽职调查的情况下偏好能够验证假设的信息，或者过多地依赖那些你原本就相信的专家。它最早由心理学家在20世纪60年代发现，但随着行为经济学领域的发展，它的普遍性和对人们行为的影响得到了更充分的探讨。

3. 事后诸葛亮/结果偏见（Hindsight/Outcome Bias）——安妮·杜克在《对赌：信息不足时如何做出高明决策》的第1章中谈到了这一点，它是我们所有人不必要痛苦的来源。安妮称其为"以结果为导向"，也就是说我们混淆了所做决策的质量和它们的结果。它导致我们对结果不好的好决策感到后悔。更糟糕的是，由于我们依赖过去成功的经验，而不是清楚地思考手头的决策，因此这种偏见促使我们在未来做出错误的决策。安妮是克服这种偏见的专家，我建议再次阅读《对赌：信息不足时如何做出高明决策》和她的新书《对赌（实践版）》（How to Decide），以更好地避免这种偏见。

4. 可得性偏见（Availability Bias）——在我看来，对这种偏见的识别和对其各种表现方式的探索是卡尼曼和特沃斯基最伟大的成就之一。它意味着我们在决定下一步该做什么时，最依赖我们记得最清楚的东西（即对我们来说"可用"的经验）。例如，如果你在2008—2009年的全球金融危机中失去了你的房子，你可能会对未来几年类似的房地产崩溃再次发生的可能性有一个不客观的估计。这并不是说你担心再次发生崩盘是错误的，但可得性偏见很容易扭曲你对它发生的确切概率的估计，以及影响你应该对你的房地产投资采取的措施。

5. 锚定偏见（Anchoring Bias）——这种偏见是可得性偏见的近亲。事实证明，我们不需要因为房地产崩溃而受到创伤，来扭曲我们对接下来会发生什么的看法。我们需要的只是一个初步的提示。卡尼曼和特维斯基优雅地证明了锚定偏见的存在，当被要求快速计算8×7×6×5×4×3×2×1时，他们得到的数字比被要求反过来计算的数字要大，也就是1×2×3×4×5×6×7×8。这就是锚定偏见的本质，如果你不小心，它可以对你对不同投资的评估造成严重破坏。

6. 损失厌恶/恐惧厌恶（Loss/Dread Aversion）——多年来人们都知道，当人们输掉1000美元时，比赢得1000美元时感到更痛苦。我在猜测，这种现象在某种程度上可能是为什么"人们厌恶风险"这一说法对那些发展现代投资组合理论的人来说似乎是一个合理的假设。事实上，我们似乎表现得好像损失的影响是同等数量的收益的两倍。当然，情况要比这更复杂（这也是马科维茨错误的原因之一）。当同时考虑禀赋效应时，情况变得更加复杂。我们回避的也不仅仅是损失，我们也会在非理性的程度上回避它的可能性（即畏惧）。

7. 正常化偏见/保守主义偏见（Normalcy/Conservatism Bias）——这是一个最近发现的偏见，它发生在我们中约70%的人身上，而其他30%的人大部分都容易出现"过度反应偏见"。在某些方面，这与其说是一种情感偏见，不如说是人类没有能力快速准确地评估可能发生的事情是否受我们在本书中讨论的肥尾分布之一所支配。我们大多数人都希望相信随机性遵循正态分布。不幸的是，它往往不是这样的，虽然我们的大脑可能已经进化到可以保护我们免受历史上所面临的极端危险，但我不认为它们很适合今天可能发生的那种金融灾难等情况。

8. 邓宁-克鲁格效应（Dunning-Kruger Effect）——由第二代行为经济学家戴维·邓宁（David Dunning）和贾斯汀·克鲁格（Justin Kruger）于1999年首次发现。他们研究了人们如何在没有接受过训练的领域不断高估自己的技能。当涉及财务问题时，这是非常重要的，因为对自己能力的过度自信可能是危险的。这与本书的基本前提绝不矛盾，本书认为个人需要对自己的财务选择拥有所有权。这只是意味着你需要假设你知道的比你认为自己知道的要少。

从某种意义上说，情感偏见和系统性认知偏差之间的区别有些随意。我们经常因为情感偏见而犯认知偏差。但我相

信，在试图评估财务选择时，即使我们已经确定自己没有受
到上述任何偏见影响，识别一些常见的系统性逻辑或计算错
误仍旧是很有用的。

系统性的认知偏差

1. 对概率和统计学的误解——这是一个非常宽泛的类
别，其根本原因在于我们的大脑并不具备即时进行复杂数学
运算并得出结果的能力。当我们面临重要的财务选择，却既
没有受过培训，也没有时间进行全面计算时，这一情况尤为
正确。全面列举我们在这里犯的所有错误超出了本书的范
围，但在下一章，我们将根据安妮·杜克的建议，讨论如何
最好地克服我们与生俱来的这个固有障碍。

2. 货币幻觉（Money Illusion）①——货币幻觉是特沃斯基
在结束与卡尼曼的合作后，自己在工作中偶然发现的。特维
斯基发现，在评估金钱时，人们会关注它的名义价值，而不
是相关金额的购买力。当财务选择涉及一段很长的时间时，

---

① "货币幻觉"一词最早是美国经济学家欧文·费雪于1928年提
出的。——编者注

这一点尤其重要，在这段时间里，通货膨胀可能会侵蚀出售某项投资所能实现的收益的购买力。

3. 幸存者偏差（Survivorship Bias）——当人们评估某位投资经理相对于某一时期的基准或所有经理的平均值的历史业绩时，这种效应最为明显。只看某一特定经理人的历史记录，人们往往没有考虑到有关的经理人仍在经营，而基准或平均数可能包括那些已经退出的经理。我们在第二节讨论投资经理人用来说服投资者相信其卓越业绩的销售技巧时，就谈到了这种现象。

4.其他逻辑谬误——除在计算概率时犯基本错误外，我们的大脑还开发了一些启发式方法（即捷径），经常把我们引入歧途。据我所知，没有人把它们归纳为一个连贯的层次结构，但这里描述了几个用于金融目的最重要的谬误。

第一个是赌徒谬误（gambler's fallacy）。这是指我们倾向于认为，如果你抛五次硬币，每次都是正面朝上，那么第六次就更可能是反面朝上，因为已经有好几次都是正面，这次该是反面了。在这种情况下，最好的方法就是不断告诉自己，骰子或硬币是没有记忆的。

另一个与赌徒谬误有关的重要谬误是热手谬误（hot-hand fallacy）。这让我们倾向于相信连胜，特别是我们所经历的连胜（无论是幸运的还是不幸运的），是由于随机性以外的其他原因。有时是这样，但很多时候，我们拒绝将随机性作为一种解释，而将控制或其他一些看不见的力量归于我们所观察到的东西。当你被诱惑投资于一个似乎正在"连胜"的企业时，这是一个特别危险的现象，因为你没有一个合理、科学的解释。

人们犯的另一个更微妙的错误是基率谬误（base-rate fallacy），这可能导致你认为你已经找到了一个投资机会，而你所看到的只是一个"噪声传输线"。这方面最好的例子是考虑假阳性率如何导致你高估你所观察到的现象的可能性。一个准确率为95%的呼吸式酒精检测仪。在每一百个被测试的清醒司机中，只有五个被显示为醉酒，尽管他们并没有醉。如果路上的一百个司机中只有一个真正喝醉了，那么如果所有的司机都被测试，而你没有通过酒精测试，那么你极有可能被诬陷，成为那五个假阳性的司机之一，而不是那个真正喝醉的司机。

最后是合取谬误（conjunction fallacy），这是卡尼曼和特维斯基最著名的发现之一。当我们觉得两个特征的组合比两个特征中的一个的可能性更大时，我们经常会犯这种错误。当这两个特征似乎是高度相关的时候，这种情况尤其明显。

卡尼曼和特维斯基对其进行了最好的描述。

"琳达今年三十一岁，单身、外向，非常聪明。她主修哲学。作为一名学生，她对歧视和社会正义问题深表关注，还参加了反核示威活动。

哪种情况更有可能？

琳达是一名银行出纳员。

琳达是一名银行出纳员，并积极参加女权运动。"

显然，答案是琳达是一名银行出纳员，尽管我们觉得她的身份远不止于此。复杂的投资机会可以通过利用我们大脑中的这一缺陷进行推广，所以必须对这一问题保持警惕。

我许多经商的朋友和同事都不喜欢滑雪，他们更愿意把时间花在打高尔夫上。一位投资界的朋友认为一位优秀高尔夫球手的纪律和心态也可以应用到金融领域中。他对我的话表示认同。他说，一个人在纠正自己的姿势、握力和挥杆时的注意力，与面对重要的财务决策时需要确保自己的情感偏见被搁置、认知偏差被防范时的自我意识是一样的。也许是这样，但对我来说，罗伯特的下坡滑雪方法更能引起我的共鸣。

在高尔夫比赛中，当你花时间检查球位，思考想让球落到哪里时，球静静地一动不动。你做出选择并选择合适的球杆。只有这样，你才能调整自己，调整姿势，稳定思想，然后挥杆。你很清楚，击球后需要担心的随机变量很少，就只有风和球落地后的弹跳。

滑雪，如同生活一般，决定来得又快又急，地形不断变化，而你在陌生的斜坡上转了几个弯之后会面临什么，往往是完全未知的。

当你踏上你的财务道路时，我给你的建议是，像罗伯特三十年前带我走完我的第一条专业滑雪道时告诉我的那样做——屈膝，抬头，靠在滑雪板上。准备好应对突发事件，并知道你唯一能真正控制的是你自己。你要尽力做出正确的选择，看到问题时要尽量避免，然后接受结果。有时接下来是一个容易通过的宽坡，你可以轻松地滑下去，但有时它是另一个你必须做出的急转弯，而且往往，它可能比你预期得更快到来。

第12章

更好的对赌——克服我们的局限性

在新冠肺炎疫情暴发之前，我一直在为所面临的最重要的一个决策而奋斗。不是财务问题，而是具有极高风险的医疗问题。这是我第一次面临生死攸关的决策。

像许多医疗决策一样，这个赌的上升空间有限，下降空间却有可能糟糕到带来灾难。这也许不像我们在第9章中谈到的那种孤注一掷，但也很接近。

我每年的体检项目里都包括血液测试，它可以为我说明潜在身体问题的风险，这一问题可能是任何事情，也有很大可能是癌症。如果是的话，就需要进一步检查，来确定它是发展缓慢，无须立即治疗，还是具有侵略性。如果是后者，我就要立即接受放疗或手术以避免死亡。医生建议的下一步是进行活检，以确定我是否患有癌症，如果是的话，确定是哪种癌症。

这个消息令我万分惊讶。当医生解释说，由于肿瘤生长在一个难以触及的地方，活检本身将是一个具有重大风险的侵入性手术时，我感到更加害怕。换句话说，我需要更多的数据来做出一个涉及高风险的决定。然而，即使获得了这些额外的数据，也需要平衡信息的价值与为获得这些信息而损害身体的风险。

出于以下几个原因，实际选择要比这复杂得多。首先，我不确定血液测试的结果是否可靠。所有类型的医学测试（包括活检）都不是百分之百的准确，有时会出现假阳性或假阴性。在这种情况下，医生告诉我，虽然血液测试一般来说非常可靠，但活检结果假阴性的可能性高达20%。在这种情况下，如果我想得到绝对准确的结果，就必须做第二次活检。

就数字本身而言，血液测试结果表明我有30%的概率患癌症，但即使是这个数字也可能受到了选择偏差的影响。也就是说，那些做了活检的人中有30%的人患有癌症，忽略了有些人没有做活检但测试结果相似。尽管如此，这是我对自己患这种可怕疾病的可能性的最好预估。

然而，真正让我担心的是，活检本身充满了危险性和不确定性。文献表明，第一，活检有20%的可能性得到假阴性结果（也就是说，即使我患了癌症，活检结果也可能会说我没有）。第二，活检极具侵入性。我所看的研究表明，有8%~10%的可能性出现令人不快的副作用，其中最严重的是3%~4%的机会遭受抗生素耐药性而感染，我可能会因此而住院。对我来说，这确实是一个重大风险，因为我的妻子以前也遭受过类似的感染，她当时在医院住了六天，险些丧命。这让我很害怕，尽管我知道我可能是因为可得性偏见而反应过度，但我还是忍不住担心这种可能性。

尽管所有与我交谈的医生都一致建议我做活检，但我没有被他们说服。在我看来，我从活检中得到的只是信息。这些信息很可能对我做出下一步决定（即，是否接受治疗以及接受何种治疗）至关重要，但就其本身而言，活检只能减轻我对自己健康与否的怀疑。如果我真的做了，它可能会让我以后可以更好地掌控自己的健康状况。我需要考虑这些信息的价值有多大，以及我愿意为获得这些信息付出什么。

在我看来，活检最重要的好处就是能及早发现我患上了扩散速度很快的癌症。如果我不接受治疗，就会面临死亡。显然，有了新的治疗方法，人们可以几乎百分之百保证摆脱这种癌症。对这一情况发生的概率进行估计是一项极其困难的任务。然而，做活检的风险却很容易估计——我有二十五分之一的概率因危及性命的感染而住院。

让事情变得更加复杂的是，出现了一些大有发展前途的新诊断方法（例如，细致的核磁共振扫描）能够很快得出同样的信息，并且不会有活检带来的风险。我不得不开始思考自己还有多长时间可以用来等待用上这些新的诊断工具。如果我真的得了癌症，而且发展缓慢，那么我就有足够的时间。但如果是侵略性的癌症，则根本无法帮助我解决这个问题。

最后，我必须考虑我们之前谈到的最后一个因素——我的个人贴现率。如果我做了活检并最终住进了医院，这将是一个直接的成本。不做活检可能带来的成本——必须治疗缓慢或快速扩散的癌症——将在未来某个时候产生，如果癌细胞扩散缓慢，可能几年后才需要花钱。当然，在我没有患癌症的十之七八的机会中，我根本不需要支付任何成本。知道这种危险被排除后的长期好处，仅仅是让我可以继续安心生活，少了一件需要担心的事情。

这最后一个因素使我也考虑到如果我推迟活检会发生什么。当我提出这个问题时，我的医生告诉我，如果我确实患有疾病而又一直不做活检，后续血液测试的结果可能会变得更糟。如果没有生病，测试结果可能会保持不变，甚至变得更好。当我听到这个消息时，我意识到我所面对的，用安妮·杜克的语言来说，几乎是"被自动推着走"，什么都不做会给我带来更多的信息，并且至少在目前，避免承担一个有重大不利影响的风险。基于此，我决定将活检推迟几个月，看看后续的血液测试结果如何。

我对自己的分析感到很满意。在我阅读《对赌：信息不足时如何做出高明决策》这本书之前，我可能会就此打住，毫无顾虑地继续执行原定计划。但有些东西持续在我的意识边缘徘徊。

我问自己："安妮会怎么做？"特别是当我再次想到我推迟活检的决定时，我想知道自己是否陷入了许多情感偏见和系统性认知偏差。在面对极具不确定性的困难决定时，这对于我们所有人来说都是严峻的挑战。

事实证明，安妮说了很多有用的话。

在第9章中，关于个人需要秉持怎样的态度才能在一个不确定的、不可预知的世界中茁壮成长这一话题，我们讨论了安妮的建议。现在我们将谈谈她提出的一些实用技能，帮助个人克服普遍存在的情感偏见和认知系统的缺陷。

我之所以在做活检时犹豫不决，主要是因为担心自己最终会像妻子几年前那样，因遭受了危及性命的感染而住院。虽然我的结论是有二十五分之一的概率会发生的事可以算作一个重大风险，但在重读《对赌：信息不足时如何做出高明决策》时，我意识到我对这个数字的判断很容易受到可得性偏见的影响。这种偏见使我们高估发生与自己经历过的事件相似的事件的概率，因此我重新思考自己为什么会得出这样的结论。

基于围绕此话题的相关研究的总结，我重新计算得出了4%这一预估数字，但我没有与该领域的其他专家交谈，了解他们对这些研究的看法。我有失偏颇地认为，大多数医生都抱有低估风险的偏见，因为"对一个拿着锤子的人来说，一切都像钉子"。

事实上，我仍然认为，我对医生偏见的担忧不仅有理有据，而且会因为相伴而来的确认偏差变得更糟，因为很多所谓的专家意见实际上来自思想相似、互相交流的有识之士，而没有多样化的观点。我们之前也讨论过这个问题。现在是时候谈谈解决方案了。

那么，如何防范自己的情感偏见，如可得性偏见，同时获得没有确认偏差的正确信息呢？

安妮的解决方案之一是使用伙伴系统。在《对赌：信息不足时如何做出高明决策》第4章中，她详细介绍了这种技巧。从根本上说，使用伙伴系统意味着进入一个友好的专家小组，让他们帮助你做出重要决策。伙伴系统的许多方面并不总是符合实际需求（例如，专家应该对建议的后果负责），但她的许多建议直接适用于我在做活检问题上的决定，对财务决策也很有用。

你寻求建议的小组最重要的特点是这个团体应该包含多样化的观点。正如安妮所说，"多样性和异议不仅可以检查出错性，还是检验意见真实性的唯一手段"。当太多志同道合的专家被问及一个问题时，答案往往不仅相同（这限制了你可能考虑的替代方案的范围），还可能受到"群体思维"和"验证性思维"的影响。请记住，证实偏差是我们在面对问题时容易犯的最危险的系统性认知偏差之一。换句话说，如果我告诉另一位医生，我已经收到了肿瘤医生的建议去做活检，那么这位医生可能更倾向于同意给我检查的那位肿瘤医生的意见，说我应该去做这个手术。

多样化视角的作用更大。正如安妮所说，当我们"接触到不同的意见时，（我们）可以试一试其他假设，并朝着准确的方向发展"。在我的案例中，我不仅询问了我认识的其他医生，还询问了我的针灸师（一位中医专家），我的治疗师（一位心理学博士），以及我的一些精算师和统计学家朋友，他们对我得出这一可能性的相关测试的有效性和可靠性有所了解。

伙伴系统对我来说大有裨益。毫不奇怪，我的医学朋友们都鼓励我去做活检，而我的治疗师则鼓励我想象如果我设想的一种或多种情况成为现实，我可能会有什么感受。统计学家指出我读到的一些研究混淆了相关性和因果性，而我的中医专家给我开了个中药方子，或许可以直接阻止我可能患有的任何一种癌症的恶化。通过咨询对身体健康管理有不同看法的各领域专家，我更加全面地了解了自己的情况，并最终克服了固有偏见和认知限制做出选择。

最后，我选择听从中医朋友的建议，接受了为期数月的中药治疗，然后再次验血。由于新的血液测试结果显示没有实质性改善，我便去做了活检。我安全地做完了活检，结果为阴性，我感到无比欣慰。我的治疗师在处理不确定的未来方面给了我清晰的思路，因此我拒绝通过做第二次活检的方式防止可能出现假阴性。

我从未感到过如此健康，我相信伙伴系统帮助我找到了正确的答案。然而，我深知，如果活检结果显示确实是假阴性，我可能仍然要面对一个坏结果。倘若果真如此，我将尽力保持信心。我会在决策过程中避免事后诸葛亮，不犯《对赌：信息不足时如何做出高明决策》一书最开始所描述的"以结果为导向"的大忌，这种偏见会使我因为结局不好而后悔做出这样的决策。

将伙伴系统应用于财务决策中

当你面临可能影响到财务健康的选择时，伙伴系统也可以很好地发挥作用。在第6章中，我们谈到了寻找真理的人。在理想的世界里，每个人每次面临重要的财务选择时都可以咨询一群专家，但对我们大多数人来说，这并不现实。此外，要想在某一财务问题上获得实际建议，你可能不得不为获得必要的专业知识而付费。然后你又将不得不面对整体财务健康原则三带来的挑战，确保与你谈话的专家没有隐藏目的。此外，由于伙伴系统需要收集多样化的观点，你最终可能会感到自己在为"错误"的建议买单。

最好是与你信任和尊重的以及在金融相关领域工作的朋友建立关系，但他们可能不是财务健康领域的专家，甚至不是你正在处理的特定问题方面的专家。

比方说，你刚刚在职场站稳脚跟，你已经或正计划建立一个家庭。你决定要买房，但你不确定在哪里买，买什么样的。这可能是你人生中最重要的财务决策之一，而且是一个非常复杂的决策。

除了考虑你的基本需求，如你想住在什么样的社区，你想离你的工作场所、商店和公共设施（如学校、医院、游乐场、公园）有多近，你还有大量纯粹的财务问题需要考虑。

　　就像我们之前遇到的亚伦和萨拉一样，你可能需要平衡房子的价格和教育体系的质量。你肯定得决定要在个人资产负债表上增加多少杠杆（即，多大的抵押贷款）。更重要的是，你必须评估当地市场未来可能出现的升值或贬值情况，以及投资房地产这一资产类别对你来说吸引力有多大。

　　没有任何一位财务规划师，能够在所有问题上提供建议。你也不可能有足够的时间去寻找查阅各个方面的海量资料。然而，你可能会认识不同的人，他们非常了解其中一个或多个问题（例如，教师、房地产专业人士、在银行或投资界工作的朋友）。基于伙伴系统的原则选择一群朋友作为顾问，让他们成为准确的、值得信赖的、多种多样的意见的来源。确保你可以得到他们的意见，进而意识到自己可能抱有的偏见，并加以防范。通过从伙伴那里收集你所问问题的潜在的其他回答，你将更有能力看清自己所面临的决定，以及你的内心和思想可能蒙蔽视野的所有方式。

　　《对赌：信息不足时如何做出高明决策》和《如何决策》这两本书的大部分内容都集中在让大家了解那些经常将

我们引入歧途的偏见。这些书将帮助你打磨自己的基本决策过程。如果你想在财务生活中更明智地对赌，安妮·杜克的技巧在金钱世界中的作用和在生活中其他方面一样有效。

第五部分

居于荒野之中——如何保持财务健康

第13章

使用整体财务健康的六个原则

为了攀登金融领域的最高峰，你必须有好装备，正确的态度，以及一个强壮的后背来背起你需要的所有装备。你可能会面临稀薄的空气，险峻的山路和失足带来的严重后果。不是每个人都有爬山的技能和风险承受能力。有些人有高原反应，许多人缺乏力量或不愿意背负如此沉重的背包。就我个人而言，我坚持走已经踩实了的路，而且不会带太多东西。我选择那些有信心不会迷路，但有机会爬到树线以上欣赏风景的小径。虽然我会尽量避免遇到危险，在探索不熟悉的地形时十分小心谨慎，但我也喜欢在外面逛一逛，看看风景。

但这只是我自己的情况。因为我不是一位专业攀登者，所以我没法告诉你应该带什么样的绳子，或者一开始是否有必要带。同样，我也不打算建议你使用复杂但强大的金融工具，即便越来越多想赚大钱的中等收入投资者开始接触这些金融工具。而我将告诉你一些相对简单的工具，我很熟悉这些工具，而且自己也用过。几乎任何人都可以理解和使用我将要描述的东西。但首先，我们需要谈谈你需要什么来帮助你确定目的地并规划路线。

我不是一位财务规划师，但我偶尔会帮朋友看看他们的财务状况，并帮忙制定财务策略。几个月前，我的朋友鲍勃请我帮忙对他的财务状况做一个整体评估，然后根据他的目标、恐惧、希望和需求，帮助他做出些改变，以确保他长期财务稳定健康。

鲍勃是一个不同凡响的人。他好奇、无畏、精明，富有创造力，但他不是一个考虑长远未来的思考者。在坐了二十多年的快速电梯到企业大厦的最高层之一（制药部）后，他成为一家《财富》50强公司的高薪主管。鲍勃没有安于现状，也没有试图进入只比他高几级的最高管理层，而是决定离职，成为一名作家和企业家。当时，他四十多岁，有两笔抵押贷款，三个孩子在上私立学校。他在美国和海外有一个大家庭，个人财务情况相当复杂。鲍勃还喜欢四处旅行。不用说，他在这个时候做出这样的决定令人感到万分惊讶，但鲍勃还是决定跟着直觉和经验走。他从不规划任何详细的方案。至少在花钱方面（以及挣钱能力方面），他也不总是看全局。他的方法是调查周围的环境，然后单独地做出选择，相信自己做出的好选择会多于坏选择。

当我第一次看鲍勃的个人资产负债表时，我发现他所参与的与金钱有关的投机活动和投资项目种类繁多，我大吃一惊。乍一看，他的存钱方式和存钱路径混乱异常，毫无协调性。我担心如果仔细观察的话，会发现可能破坏他的财务生活的定时炸弹。

鲍勃做的很多投资是我不会考虑的，比如向家庭成员提供高于市场价的贷款（当然，恰恰是我的大学女友提供的这样一笔贷款让我买了第一套公寓），但他还拿过许多其他有意思的"传单"，其中包括在一些聪明且有创造力的朋友的商业想法上分别投了1万美元。

我了解得越多，就越确信鲍勃采用的正是我在第8章中所描述的杠铃策略。他在公司工作期间获得的大量有保障的养老金，以及他写的畅销书的版税，将为他提供安全可靠的收入。如果其他所有投资都失败了，他还可以靠这些收入生活。事实上，这个杠铃的设置方式十分理想化，因为当版税收入逐渐减少的时候（几乎每一本畅销书的版税最终都会耗尽），鲍勃将达到退休年龄，届时他开始收到保障养老金。

他的另一个杠铃，也就是那个具有无限上升潜力的杠铃，同样拥有良好的结构。正如我们在第8章所讨论的那样，当你试图利用肥尾分布时，重要的是要同时拥有许多小赌注。虽然可能几乎每一个赌注都会输掉，但那一两个长线赌注很可能让你赚到足够的钱来弥补你所有的损失，甚至更多。

我已经为几十位朋友、同事和付费客户提供了这种咨询。鲍勃是我遇到的第一个客户，我没有对他的财务给出任何实质性的改进建议。他比我更清楚这一点。但如果让我大胆猜测，我会说，我唯一能做的就是帮他确认他正走在财务健康之路上，而且应当继续保持清醒和无畏的态度，向他试图征服的山峰迈进。

鲍勃凭直觉找到了他的财务策略，我所做的是给他一些分析和理论基础，确认他已经在做的事情有效。他真正需要的是一些指导意见，进而了解复杂金融世界的各个部分之间如何相关联，以及如果他继续走下去，未来会是什么样子。从本质上讲，我为他提供了一副望远镜来审视总体情况，看看是否存在任何潜在危险会使他偏离道路。

在我们继续讨论背包里应该有哪些具体的工具之前，关于鲍勃为什么是一个真正的金钱登山家这个话题，我还想再说一点。除了他能够专注于眼前的事情而不担心不可预测的未来，鲍勃的另外两个举动同样可圈可点，这也是我们在本书中一直讨论的六项整体财务健康原则的重要推论。

第一，他认为你应该投资自己了解的东西。我第一次知道这个明智的建议还是听保罗·麦卡特尼（Paul McCartney）所说。相传他之所以大富，并不是因为在披头士乐队赚的钱多，而是因为他拥有自己的歌曲以及陆续投资的其他艺术家的歌曲版权。保罗一听就知道这首歌是不是好歌。事实证明，他对哪些歌曲能带来超额投资回报的判断准确无误。

使得鲍勃能够金融荒野蓬勃发展的第二个举动是在金钱问题上他坚持自己做所有决定。这并不是说他不寻求建议——毕竟他向我咨询过——而是他不会把自己的投资控制权拱手送给任何人。这个做法不一定对每个人都适用，特别是那些没有时间、技能或动力深入参与管理财务的人。然而，正如整体财务健康原则三所说，你应该确保每个帮助你理财的人都是百分之百地站在你这边。从鲍勃的角度来看，他确信只有他自己会百分之百站在自己这边。

对此，我高度赞同。

第14章

你可以使用的工具

任何有经验的户外运动者都会告诉你，当你在山区背包旅行时，除了需要准备好登山鞋和对自己及自己能力的清晰认知，最重要的装备是一张准确的路径图。同时，你还需要一个手电筒、一个用来确定方位的指南针，也许还需要有一副双筒望远镜来帮助你勘察周围的地形（假设你能爬到足够高的地方，从而清楚地看到你所在的位置）。我希望这本书已经给予了你这些工具。

不过，现在是时候在你的背包里装上其他可能在你进入荒野时有用的物品了。这不是一份关于你应该携带的物品的详细清单，但我接下来所要描述的装备是我自己觉得很有用的，并且建议你也可以考虑一下这些装备。

房地产——为生存提供食物和住所

大多数人拥有的最大资产是他们的房子。通常情况下，这笔财富比人们在401（k）计划或其他退休账户中的储蓄要多得多。根据城市研究所（Urban Institute）发布的报告，截至2016年，美国人所拥有的房屋总净值（房屋价值减去抵押贷款）约为11万亿美元。这一数额几乎是同年政府申报的5.7万亿美元的固定缴费——401（k）计划、403（b）计划等——余额的两倍。

与我们在本书中谈到的其他金融资产不同，你的房子不像银行账户那样容易"花得出去"，甚至不像你的股票和债券那样具有较大的流动性，那样容易卖掉并很快变成现金。因此，你的房子应该被视作财务状况的重要组成部分，并直接纳入你的财务健康战略之中。

这对任何人来说都不应该是什么新闻，事实上，许多财务规划师详细说明了你应该如何对待自己的房子。但我并不打算这样做，因为我不认识你，也不了解你的情况。

不过我要告诉你。自我在1980年买了我的第一套公寓以来，我就已经用这笔房屋资产达成了许多目的。以下是我使用这笔重要资产的一些具体方式。

1.作为我和家人的生活场所。

2.作为客人或社区中其他人的避难所，他们在重建财务生活的同时需要一个临时居住的地方。

3.通过设立房屋净值信贷额度来获取现金。

4.帮助我提高承担其他债务的能力（房子既可以作为抵押品，又可以作为提高信用评级的一种手段）。

5.通过再融资兑现的方式积累财富，使得我能够投资其他资产（包括第二套住房）。

6.通过出租部分或全部房屋（长期和短期）来创造收入。

7.创造商业收入（例如将其出租作为家庭办公室，以及我最近在出售我在索诺玛的农场上收获的葡萄）。

还有其他创造性的方法来利用房屋价值改善财务状况（例如，将其抵押出去获取资金进行创业或维持公司运转），但这些只是我在生活中使用过的方法。在我们继续讨论其他工具之前，我想指出房屋资产的另外两种用途，我目前还没有用过，但将来可能会使用。

首先，正如我们在第6章所讨论的那样，你的房子可以作为退休收入策略的重要组成部分。具体来说，一旦年满62岁，你可以申请反向抵押贷款或房屋净值转换抵押贷款（HECM），不仅可以谨慎地用它来补充退休收入，还可以作为需要长期护理时的资金来源。

最后，我们中的许多人都希望为孩子留下遗产，在这一方面，房屋净值不仅能够为你的继承人提供一个居住之所，还能让他们在寻求财务健康的道路上有一个良好开端。

永久人寿保险——财务方面的一柄瑞士军刀

1979年我刚从大学毕业，在康涅狄格州通用人寿保险公司担任精算研究员。在那里我遇到了第一位人寿保险推销员约翰·格里尔（John Greer）。他不是我的同事，也不是被派来教我任何复杂的CG产品精算的导师。相反，他是一个刚从大学毕业的西北互助人寿保险公司（Northwestern Mutual Life）的销售代理，试图向我这个23岁的单身青年推销永久人寿保险。我永远不会知道，他是如何想到渗透到另一家保险公司（CG有自己的保险系列产品）向精算研究员推销保险的。但显然，约翰是一个"跳出边框"的思考者，非常值得我深入了解一番。

事实是，约翰做成了那笔交易。在接下来的20年里，我又从他那里买了四份保险，时至今日我依旧持有这些保险。这也许证明了约翰和他的销售能力，但我认为，更重要的是，它说明了也许是精算行业最伟大发明之一的力量和多样性，及其对社会的重要贡献——简单的人寿保险单。

人寿保险的概念可以追溯到罗马时代，但我们今天所知道的人寿保险政策是由公平人寿保险协会（Equitable Life Assurance Society）里的英国精算师在1762年创建的。这是一家繁荣发展了两百多年的公司，直到21世纪初，它因为为近100亿美元的年金负债担保了看似安全的7%利率而陷入了危险的境地。

尽管许多个人和组织都持有人寿保险，但在个人和组织（私人的、公共的和非营利的）财务管理方面使用的金融工具中，人寿保险几乎是最不为人所了解的一种。更重要的是，它同时也是每个人整体财务健康计划的重要组成部分。其原因很简单。随着时间的推移，人寿保险可以执行多种不同但相互关联的功能，这将有助于确保你的财务健康。这些功能具体包括资本积累、税收最小化、家庭保护、财产规划以及现金流管理。人寿保险可能不是任何特定功能的最佳选择，但由于它本身具有多种不同的功能，人寿保险可以在你生命中的不同时期用于不同的目的。在面临某个特定的需求时，人寿保险会是一个很好的工具。简而言之，人寿保险是金融产品中的瑞士军刀，随时可用，而且通常可以胜任工作。

人寿保险的历史及其各种用途的曲折演变本身就是一个迷人的故事，但远远超出了本书的范围。当今市场上存在许多不同类型的人寿保险，其中最重要的三种是保证可续期的定期寿险（guaranteed renewable term，GRT），投资型万能寿险（variable universal life，VUL），和终身寿险。保证可续期的定期寿险和投资型万能寿险都是极具价值的产品，组织和个人都可以用它来进行财务管理，但与我们的目的（即帮助你在财务荒野中生存）关系最密切的是终身寿险。

在我看来，终身寿险一直受到大量不公正的批评。然而，它是确保你整体财务健康的最重要工具之一。

我在二十三岁时向约翰购买了终身寿险。对于一个刚踏入社会的年轻人来说，这可能是你做出的最明智的一笔消费。近四十年来，我每个月都向一个既为我提供保险保护又为我提供合法避税投资的账户支付少量保费。其中一些保费用于支付死亡赔付（即"保险成本"），但绝大部分用于现金价值，这是一个投资账户，可以获得有保障的利息，还可以免税累积。起初，死亡赔付非常少（如果我没记错的话，是2万美元），但由于我在后来几年里购买了更多保险，死亡赔付最终增长到近100万美元。

值得庆幸的是，死亡赔付从未兑现过。尽管我活了下来，从某种意义上说，我的一部分保险费被"浪费"了，但这种保护的存在给了我的妻子和儿子很大的心理安慰，他们知道，如果我不幸去世，他们将得到照顾。这种安慰（以及我妻子因此而不必采取的措施）为我们家庭的财务健康做出了不可低估的杰出贡献。此外，由于我是在年轻时购买的保险，所以费用适中，并且在保单有效期内一直如此。事实上，即使考虑到保险费用，现金价值也在以近6%的复合免税年增长率累积。这个"强制储蓄账户"最近的价值超过了40万美元。

然而，我买的这些保险的价值远不止于此。随着我的财务生活变得日益复杂，我需要从一个城市搬到另一个城市，买房又卖房，在这过程中，我一度需要现金，有时需要的甚至比我手头的现金多很多。我能够从保险账户中借到（基本上是向自己借）所需的金额，并在一段时间后以完全在自己控制范围内的利率偿还。简而言之，现金价值提供了一个缓冲区，使我能够克服生活中面临的"流动性颠簸"。

在2016年年底，我从全职咨询业退休。在临退休之际，我把我的保险转成了"减额付费状态"。结果，我的保险中两大超乎寻常的特点成为焦点，每一个特点都将在今后几年对我极为宝贵。第一，40万美元的现金价值中约有一半是

"成本基础"，我可以在任何时候提现使用，并且永远不用纳税。这是一个强有力的应急储蓄来源，我可以用它处理不可预见的突发事件。

第二，更重要的地方在于，我有一笔80万美元的免税死亡赔付保证额给我的妻子（如果她先去世，则给另一个受益人）。如果我今天试图购买这样一笔补助金，价格将极高。如果没有进行全面体检，我甚至可能无法购买此类保险。这不仅本身很有价值，而且这80万美元的死亡保险金使我们能够从我们的401（k）储蓄中提取比其他方式更多的钱，因为我们知道，我们只需要在我活着的时候使用这些钱。在我去世后，人寿保险会照顾我的家人。正是这种对未来突发事件的保障，以及它所提供的现金流动性，使终身寿险成为使我能够实现和保持财务健康的重要组成部分。

退休收入来源（RIGs）——你需要什么来生火并保持温暖

在前文中，我们讨论了一些寻求真理的人，你可以向他们寻求可信的信息。我们提到了史蒂夫·弗农（Steve Vernon），他是我的一位前同事，退休后创办了一家名为余生交流（Rest of Life Communications）的咨询公司。史蒂夫专注于探究各行各业的人在退休后可以做些什么来维持一定的生活水平。

在他众多关于退休规划的书中，史蒂夫谈到了退休收入来源（retirement income generators，RIGs），并描述了几个每个人都应该注意的问题。史蒂夫的书对任何想为退休做计划的人来说都非常值得一读，但对我们来说，他的退休收入来源中最重要的是保证年金和可变年金。就像上述的终身寿险保单一样，年金是由保险公司发明的。提供有保障的终身付款流的概念可以追溯到几个世纪前，但第一个个人可以自己购买的年金产品是由宾夕法尼亚州的生命保险和授予年金的公司在1912年发行的。像约翰汉考克人寿保险公司、梅特保险公司和保诚人寿保险公司这样的大型保险公司如今仍然主导着市场。在某些方面，年金是人寿保险的镜像。除其他事项外，终身寿险将在你提前死亡的情况下保护你的家人的财务健康。然而，年金将在你活得很久的情况下保护你和你的家人的福祉。

我们还详细讨论了年金，在那里我描述了它们如何被用作潜在的杠铃策略的一个方面，你可以在你的一生中使用，以确保安全和稳定的保证收入，如果其他一切都失败了，你可以依靠。它们是另一种保险，不像终身寿险那样用途广泛，但肯定是一种有用的工具。

有计划地捐赠——为你之后的人留下一个缓存

如果你像大多数人一样，你非常关心你离开这个世界后会发生什么。除了非常富有的人，我们中很少有人（甚至是财务规划师）真正认真研究这个命题，这意味着我们应该在退休之前和之后如何管理我们的财务生活。作为一个实际问题，当涉及财务决策时，你不仅应该考虑那些你没有用尽你所有资产的情况，而且你还应该考虑你可以采取的其他财务步骤，以留下一些遗产。

除了你的房子和人寿保险，还有一种留下遗产的机制，你应该考虑。就像体贴的徒步旅行者为他人留下食物或毯子，以便在他们继续前行时使用一样，计划捐赠可以让经济条件一般的人为下一代提供帮助。

计划捐赠可以用来产生退休收入和留下遗产。有两种主要类型可以做到这一点——慈善捐赠年金（CGA）和慈善性剩余信托（CRT）。虽然慈善捐赠年金被慈善界认为是一种礼物，但它也可以被认为是一种不那么传统的退休规划工具。一般来说，年金在确保你的整体财务健康方面是非常有效的。在某些方面，慈善捐赠年金的运作与你可以从保险公司购买的任何其他年金一样。然而，慈善捐赠年金的利润不是让大公司从你的购买中获利，而是归于你所购买的慈善机构。你可以从几乎任何大型非营利组织、大学或慈善机构获得慈善捐赠年金。我从我的母校购买了一个，但许多人从他们相信的大型慈善机构那里购买。

为了获得慈善捐赠年金，你必须首先确保你选择的慈善机构有慈善捐赠年金项目。要知道这一点，只要给他们打电话，咨询他们的计划捐赠部门。在你把资金转移到你所选择的组织后，他们将向你提供（基于具有法律约束力的合同）一个有保障的付款流，从现在开始或在未来的某个特定日期。这些付款将持续你的余生。这与从保险公司购买的年金的唯一区别是，除了你得到的有保障的终身收入，你还可以立即得到慈善机构在你死后和所有年金支付后预期从转让中收回的现值的税收减免。

实质上，获得慈善捐赠年金可以让你为自己提供有保障的退休收入，留下遗产，并获得即时的税收减免，否则如果你购买更传统的年金，利润就会流向保险公司。在我看来，慈善捐赠年金是将你的退休储蓄投资于一种工具的好方法，这种工具可以在你的战略中发挥不可或缺的作用，同时也有利于你所相信的慈善事业。

慈善性剩余信托的运作方式与慈善捐赠年金相似，但它们并不十分安全。发放慈善捐赠年金的慈善机构保证你终生付款，而慈善性剩余信托只会在你给慈善机构的金额（连同你捐赠后赚取的利息）足以支付你的福利时才会支付这些款项。然而，无论哪种工具，都可以将你可能积累的额外资产转化为退休收入流，同时为你提供税收减免，并留下一笔遗产，使世界变得更美好。

不过，慈善捐赠年金和慈善性剩余信托可能很贵，也可能很难获得。如果你想了解更多关于计划捐赠的信息，请阅读《你的未来价值几何》这本书的第12章，进而了解我购买慈善捐赠年金的全部故事。在那一章中，以及那本书和本书中的内容是相同的——通过各种方式，让你所信任的专家帮你勾勒未来，并评估可能发生的事情。然而，永远不要让别人通过告诉你今天得到和付出的东西与明天甚至是遥远的将来你不在了之后的东西应该有多大或多小的价值，来设定你的个人贴现率。

第15章

结束寄语

　　钱就像火。它可以帮助你煮熟食物，帮助你熬过黑夜，但也可以烧毁你的房子，摧毁你所拥有的一切。

　　　　　　　　　　　　——摘自1996年与我妻子的一次谈话

生命的保证和金钱的真正意义

　　极具讽刺意味的是，正当我对这本手稿进行最后的润色，觉得自己已经有效传达了关于如何在金钱山的荒野中生活的相关知识，特别是如何避免金融森林火灾、如何在金融森林火灾中幸存下来的时候，一场真正的森林大火席卷了我所居住的加利福尼亚州的索诺玛县，将我家烧为平地。当时我有15分钟的时间撤离，而在短短的15分钟内，我不得不做出一生中最艰难的一些决定。

在这一刻钟里，我不得不做出数百个，而非一个决定。具体来说，我必须决定带走哪些东西，留下哪些东西。在每个房间里、每块墙面上、每个抽屉和每个书柜中都有不同形状、大小和价值的东西。每件东西的价值都凝结了金钱和情感。房子里几乎每件物品都结合了众多意义和功能。这是一个极难解决的代数问题——这个巨大的联立方程组里包含太多变量，并且没有唯一的解决方案。

另外，此刻的问题不仅仅是用来选择的时间短到吓人。打包也是一大问题。我的车能装下什么？整理和打包需要多长时间？到了目的地之后我又该把它放在哪里？

幸运的是，我没有惊慌失措。我在截止时间到来之前做出了选择，并装满了我的车。我有足够的时间离开房子，沿着家门口的那条土路，在火苗到来之前开上高速公路。我把护照、遗嘱、一些家庭照片和三台笔记本电脑放进了一个手提箱，箱子里还塞满了我当时从阁楼上尽力拿下来的笔记本和日记本。然后把一些衣服装进了躺在地板上的一个运动包里。最后，在我走出房子的时候，我抓起了一些纪念品，包括一本20世纪60年代的棒球卡集卡册，两三张 Grateful Dead Concert 演唱会的票根，以及一些童年的回忆。另外我还带走了两本书。

第一本是塔勒布写的有关肥尾分布的数学书，我需要它来完成正在写的这本书。第二本是我拥有的最重要的书——查尔斯·巴贝奇（Charles Babbage）的第一版《生命保障》（*Assurance of Lives*）。诚然，这本书在客观上具有重大意义，但对我来说，它也是我过去拥有的数百本珍贵的书中最重要的一本。

巴贝奇是最著名的电子计算机发明者之一，同时也是精算学的创始人之一。虽然第一家人寿保险公司成立于1762年，埃德蒙·哈雷（哈雷彗星因他而得名）在1693年制作了第一张寿命表（Life Table），但精算学的关键原则却是巴贝奇在1826年出版的《生命保障》中首次提出的。几年前，我姐姐送了我这本具有里程碑意义的巨著，并且是它的罕见初版。我在那场吞噬了其余一切的大火中抢救出来的正是它。

巴贝奇的作品对我来说不仅代表着货币层面上的巨大价值，它还代表了精算学的精髓，以及我认为精算学在今天如此重要的原因。作为精算师，我们需要综合考虑时间、风险和金钱因素。我们试图平衡这三者，从而了解自己所处的位置，并确定以何种方式确保自己在这个不确定、复杂和危险的世界中尽可能安全地向未来迈进。

什么是价值？

尽管火灾保险足以赔偿损失，但火灾给我带来了毁灭性的影响，它摧毁了我的财富，而这不是用金钱可以替代的。我不得不做出的选择使得一个问题变得尖锐了起来，那就是什么是价值以及我们到底需要什么来维持自己的生活。我知道我存放在四家银行里的钱是安全的，我知道我的大部分重要记录都以电子方式存储在我出门时拿的三台笔记本电脑上，但突然间，我的过去记忆和我的未来（收入、房子和所有让我舒适的东西）都不见了。

现在火灾已经过去了近两个月，我对商品和服务价值的意义的看法已经大大拓宽了。我在第2章谈到了什么是货币，但是我们所拥有的东西、技能和我们调度他们的方式所具有的价值，并不总是可以转化为真正的钱。这对任何人来说都不是新闻，但发生在我家里的事情以最有说服力的方式给我上了这一课。

我认识到，价值来自用东西和技能创造出来的东西。这种价值部分取决于它们能够为我们做什么，以及它们能够为他人做什么。货币的发明正是源自它们为他人所做的事情。价值在人与人之间的来回转移形成了金钱山荒野，而这也是本书的主题。

在这本书中，我明确地避免对货币世界的运作方式发表任何意见。对我来说，精算学的本质是观察、分析和评论现在的情况，而不是提出对系统的建议，使其变得更好。精算师协会的使命一直是"用事实代替印象"，我不打算现在就开始提出新的经济政策建议。但我想说的是下面这些话。

货币是一个人造发明。它确实没有物质基础，但它是人类最富有智慧和最有创造力的发明之一。正如本章开头的那句话所说，货币与其说是一种东西，不如说是一种能量，它使我们能够建造出一个几十亿人共同生存和生活的世界。

然而，货币也有黑暗的一面。作为一个人造发明和一种价值尺度，它也可能会对我们自己和我们生活的环境造成巨大的伤害。其中一些可能是由货币的固有属性造成的，但也可能是由于这样一个事实：货币的几乎一切转移都建立在人与人之间的权利、义务和合同（包括明确的和隐含的）基础之上。

这似乎是货币的本质及其使用方式所带来的一个不可避免的结果，但还存在另一种可能。具体来说，人们可以通过赠予礼物来维持自己的生活，这些礼物由一方免费赠送给另一方。在过去的两个月里，我亲身经历了这一点。我在索诺玛的家人和朋友给了我大量的帮助（服务和物品），帮助我重新站起来。大家对我的支持如潮水般涌来，我真心希望自己有一天能够回报他们。

事实上，许多社会的整个经济都建立在给予和接受礼物的原则之上。这样的系统被称为礼物经济。它的运转机制是互惠而不是义务。参加过Greatful Dead演唱会或火人节（Burning Man Festival）的人都知道，礼物经济是可行的。至于它是否可以扩展，是否能够适用于全社会，则是一个更难回答的问题，也是一个我也没有资格回答的问题。尽管如此，这仍值得深思。

与此同时，我们希望，那些有责任修补这个系统的人也有足够的智慧和创造力，防止货币所具有的阴暗面对世界造成太大的破坏，并在必要时做出改变，进而使得整个体系更具弹性，甚至反脆弱性。归根结底，金钱是用来改善物质生活最重要的东西之一，它使得我们能够和自己关心的人建立并保持健康的关系。

如果说你应该从这本书中得到什么，那就是金融系统不仅在复杂程度上远超我们个人情况好几个数量级，而且在广度上也比我们任何人所看到或理解的要大好几个数量级。因此，当你想要穿过这片金钱山的荒野的时候，希望你的背包

里有本书，并记住，无论想去哪里，你都必须一步一步地走过去。

正如中国谚语所说："千里之行，始于足下。"

愿你的下一步是正确的一步。